AF370532

Félix Lope de Vega

Santa Teresa de Jesús

Barcelona **2024**
Linkgua-ediciones.com

Créditos

Título original: Santa Teresa de Jesús.

© 2024, Red ediciones S.L.

e-mail: info@linkgua.com

Diseño de cubierta: Michel Mallard.i

ISBN tapa dura: 978-84-1126-264-4.
ISBN rústica: 978-84-96428-91-1.
ISBN ebook: 978-84-9897-746-2.

Sumario

Brevísima presentación

La vida

Félix Lope de Vega y Carpio (Madrid, 1562-Madrid, 1635). España.

Nació en una familia modesta, estudió con los jesuitas y no terminó la universidad en Alcalá de Henares, parece que por asuntos amorosos. Tras su ruptura con Elena Osorio (Filis en sus poemas), su gran amor de juventud, Lope escribió libelos contra la familia de ésta. Por ello fue procesado y desterrado en 1588, año en que se casó con Isabel de Urbina (Belisa).

Pasó los dos primeros años en Valencia, y luego en Alba de Tormes, al servicio del duque de Alba. En 1594, tras fallecer su esposa y su hija, fue perdonado y volvió a Madrid. Allí tuvo una relación amorosa con una actriz, Micaela Luján (Camila Lucinda) con la que tuvo mucha descendencia, hecho que no impidió su segundo matrimonio, con Juana Guardo, del que nacieron dos hijos.

Entonces era uno de los autores más populares y aclamados de la Corte. En 1605 entró al servicio del duque de Sessa como secretario, aunque también actuó como intermediario amoroso de éste. La desgracia marcó sus últimos años: Marta de Nevares una de sus últimas amantes quedó ciega en 1625, perdió la razón y murió en 1632. También murió su hijo Lope Félix. La soledad, el sufrimiento, la enfermedad, o los problemas económicos no le impidieron escribir.

La monja rebelde

Teresa Sánchez de Cepeda y Ahumada nació en una familia de judíos conversos, y desde pequeña fue instruida en la vida de los santos. Estas lecturas y los libros de caballería la indujeron a fugarse del hogar paterno con su hermano. Pretendían recorrer el mundo convirtiendo paganos.

Teresa fue internada en el convento de las agustinas de Santa María de Gracia, pero tuvo que regresar a su casa de Ávila por su mala salud. A los diecinueve años huyó otra vez para entrar en el convento de Encarnación, donde se convirtió a la Orden de las carmelitas descalzas. Desde entonces se dedicó a la reforma de la orden, apoyada por san Juan de la Cruz. Esta obra de Lope de Vega relata los conflictos familiares de Teresa de Jesús, enfrentada a las exigencias de su padre de que se casase, y su pretensión de ser monja.

Personajes

Astarot, demonio
Don Diego
Don Juan del Valle
Don Juan, hermano de Santa Teresa
Don Ramiro
Doña Juana
El Amor Divino
Floro, criado de don Ramiro
La Justicia
Lebrija, escudero
Leonido, criado de don Diego
Luzbel, demonio
Petrona
San Miguel
Santa Teresa de Jesús
Don Alonso De Cepeda, su padre
Un fraile
Un sacristán
Una abadesa

Jornada primera

Salen don Diego, don Ramiro, Leonido y Floro, criados.

Don Diego   Grandes fiestas se previenen.

Don Ramiro   Pienso que serán de ver;
muchos forasteros vienen.

Don Diego   Fiestas de corte han de ser.

Don Ramiro   Tal nombre en Ávila tienen.

Don Diego   Mira, que nos esmeremos;
costosas galas saquemos,
emparejando este día,
en el talle y bizarría,
con el nombre que tenemos.

Don Ramiro   ¡Buenos caballos tendréis!

Don Diego   En la plaza los veréis;
el que por extremo alabo
es un rucio.

Don Ramiro   ¿Es bueno?

Don Diego   Es cabo.
Cuanto imaginar podéis
de buen talle, paso y brío.

Don Ramiro   Del castaño oscuro fío,
porque en su veloz carrera
honra el Betis, y ribera

de su gran soto sombrío.

Leonido

Hoy, señor, echa y derrueca
el jaez de rosa seca
y el bayo de frente blanca
que te dio en Salamanca
don Alonso de Fonseca.

Don Diego

¡Es un bravo caballero!

Don Ramiro

¿Es Fonseca? Sí será.

Don Diego

Con vuestra licencia, quiero
ver el bayo.

Don Ramiro

Bueno está:
id con Dios.

Don Diego

En casa espero.

(Vanse don Diego y Leonido.)

Don Ramiro

Tenme a punto el alazán
con la encarnada mochila,
el rucio de don Tristán,
y bayo de don Favila,
y castaño de don Juan;
al tordillo jaspeado
pondrás el jaez dorado.

Floro

¿El amarillo?

Don Ramiro

El primero;
que hasta en el caballo, quiero

mostrarme desesperado.

Floro

¿En el tordillo la entrada,
y con jaez amarillo?

Don Ramiro

El alma desesperada,
quiero que diga el tordillo
mi pretensión malograda.
   Y no es de maravillar
que un tordillo sepa hablar,
teniendo tan gran talento,
por ser tal mi pensamiento
que no le deja callar.

(Salen Teresa y Lebrija, viejo.)

Floro

Doña Teresa de Ahumada
es ésta.

Don Ramiro

¡Cómo!

Floro

¿Estás ciego?

Don Ramiro

Floro, el alma descuidada
cegó, mirando su fuego,
con la primer llamarada.

Teresa

¿Es tarde?

Lebrija

Serán las tres.

Don Ramiro

Floro, buena ocasión es:
toma este papel apriesa,
dásele a doña Teresa;

no esperes más.

Floro   Vete, pues.

Don Ramiro   Dirásle que se le envía
mi hermana.

Floro   Déjame ahora.

(Vase don Ramiro, salen don Diego y Leonido.)

Don Diego   Buena invención, como mía!

Floro   El papel de mi señora...

Teresa   ¿De quién?

Floro   De doña María.

Leonido   Cuando ya llegue a la plaza
se le daré.

Don Diego   ¡Buena traza!

Leonido   Muestra el papel.

Don Diego   Tómale.

Teresa   En la plaza le veré.

(Vase Leonido y dale Floro el papel.)

Don Diego   ¡Qué desdicha me amenaza!
¡Mirad de quién me confío!

Guardóle, no hay que esperar:
iay, papel! ¡Ay, hado mío!
A Leonido iré a buscar
para que no le dé el mío.

(Vase don Diego; salen Leonido y don Ramiro.)

Don Ramiro   Si dio el papel... ¡Ay amor!

Leonido   No tendré ocasión mejor:
mi señora doña Juana,
que es vuestra prima, y hermana
de don Diego, mi señor,
  os envía este papel;
y advertid...

Teresa   ¿Qué he de advertir?

Leonido   Que respondáis hoy a él.

Teresa   Ansí le podéis decir...

Don Ramiro   Qué, ¿le recibes, cruel?

Leonido   Leedle.

Teresa   No hay tiempo, aquí.

(Vase Leonido.)

Don Ramiro   ¿Guardóle en la manga? Sí.
¿Quién vio jamás tal querella?
iQue tome el veneno ella
y haga operación en mí!

(Sale don Diego.)

Don Diego
      Romperé en esta ocasión
las aldabas del recato.

Don Ramiro
     Donde hay celos, no hay razón.

Don Diego
     Publicaré su mal trato.

Don Ramiro
     Pregonaré mi pasión.

Don Diego
      Ya se acabó la paciencia.

Don Ramiro
     Ya me falta resistencia.

Don Diego
     Ya he visto el rostro a la muerte.

Don Ramiro
     No he visto, cosa más fuerte.

Teresa
     Ni yo más impertinencia.
   Don Ramiro, ¿qué intentáis?
Don Diego, ¿qué me queréis?
¡Cómo! ¿En qué locura dais?
Qué, ¿el respeto, me perdéis
y descompuestos me habláis?

Don Ramiro
      ¿Quién tal novedad pensara?

Don Diego
     ¿Quién, señora, imaginara
que ese pecho me ofendiera?

Teresa
     Y, ¿quién de los dos creyera
que el juicio les faltara?

Don Ramiro   ¿También se queja don Diego?

Don Diego   ¿Quejoso está don Ramiro?
                    ¡Yo estoy loco!

Don Ramiro   ¡Yo estoy ciego!

Don Diego   ¡Con justa causa me admiro!

Don Ramiro   De nuevo pierdo el sosiego:
                        bien pronto, la vuelta disteis.

Don Diego   Decidme, a fe, ¿a qué vinisteis?

Don Ramiro   ¡Qué linda pregunta es ésta!
                    ¿Venís a pedir respuesta
                    del papel que me encubristeis?

Don Diego   ¿Yo? ¿Qué papel?

Don Ramiro   ¡Bien, por Dios!
                    Ya el vuestro está recibido,
                    y sé que sois dueño vos
                    del premio que he pretendido.

Teresa   ¿Qué esto que escucho a los dos?

Don Diego   ¿Qué me decís?

Don Ramiro   Que lo vi.

Don Diego   ¿Qué visteis?

Don Ramiro   ¡Pesar de mí!
¿No me basta ya mi afrenta,
sino querer que os dé cuenta
dónde y cómo la sufrí?

Don Diego   Sois mancha de mi opinión,
y contra mí estáis ahitado.

Don Ramiro   Ya esto pasa de ocasión.

Don Diego   Pues espada tengo al lado.

Don Ramiro   Yo tengo espada y razón.

(Sale don Alonso, padre de Teresa.)

Don Alonso   Pues don Ramiro, don Diego,
no me perdáis el respeto.

Don Ramiro   ¡Duro trance!

Don Diego   ¡Bravo aprieto!

Don Alonso   Por mí se aplaque este fuego:
Lebrija, escuchad.

Lebrija   Señor.

Don Alonso   ¿Por qué fue la enemistad?
¿De qué nació este furor?

Lebrija   Temo contar la verdad.

Don Alonso   En peligro está mi honor.

Lebrija
    Yo pienso que se encontraron,
porque los dos enviaron
cada uno su papel
a mi señora.

Don Alonso
    ¡Oh, cruel,
que en ti mi sangre afrentaron!

Lebrija
    Vio don Ramiro el recado
de don Diego, y vio don Diego
de don Ramiro el criado,
y encendió la envidia el fuego
del humo que te ha inflamado.
    Y al fin...

Don Alonso
    No me digas más.

Lebrija
Saber el caso podrás,
de dos papeles que esconde
en su propia manga.

Don Alonso
    ¿Adónde?

Lebrija
Sin duda los hallarás.

Don Alonso
Quiero averiguar el caso.

Don Diego
Desengañarme pretendo.

Don Ramiro
En vivos celos me abraso.

Don Alonso
Deja la manga.

Teresa   Ya entiendo.

Don Alonso   Muestra el papel, y habla paso.

Don Ramiro   En su mano está el papel.

Don Diego   Ya salió el testigo fiel
                   que me absuelve y me condena.

Don Alonso   Ya en el potro de mi pena
                   comienza el trato, cruel;
                      la manga, a quien he pedido
                   el mal que se me ordenaba,
                   almendra preñada ha sido,
                   pues solo un papel buscaba,
                   y tres en uno han salido.
                      Ya mi daño, deseo ver.
                   Papel, ya temo leer;
                   mas quiérome abalanzar;
                   que la purga y el pesar
                   de una vez se han de beber.
Papel: «Con vuestro padre hablé,
                   y por esposa os pedí;
                   pienso que buen fin tendré
                   si vos aceptáis de mí
                   los principios de mi fe.
                   Don Ramiro.»

Don Alonso   Yo ando bueno,
                   de, mí propio me enajeno;
                   testigo el papel me diera,
                   si el casamiento no fuera
                   triaca de su veneno.

Don Ramiro   Todo, en fin, tengo de ver.

Don Alonso   Veré lo que dice el otro,
                     que hasta acabar de leer
                     está mi honor en el potro,
                     y quédame qué temer.

Papel: «La toca, prima querida,
                     como tuya, al fin, lucida,
                     bordada a trechos de oro,
                     en roja sangre de un toro
                     te la volveré teñida.
                     Don Diego.»

Teresa   ¿Qué habrá leído?

Don Alonso   ¡Ah, pobre sangre de Abel,
                     dos Caínes te han seguido!
                     Temo de esotro papel
                     que sea de otro marido.
                         Pero letra es de mujer,
                     y mi remedio ha de ser:
                     Llegaos, don Ramiro, a mí.
                     ¿Conocéis la letra?

Don Ramiro   Sí,
                     ya no hay duda que temer;
                         mi letra y mi firma son.

Don Alonso   Pues de una su prima es éste,
                     monja de la Encarnación.

Don Ramiro   La vida es bien que me cueste,
                     pues me cegó la pasión.

Don Alonso   Dejadme hablar a don Diego,
                    y apáguese ahora el fuego
                    que pudo abrasar mi honor.

Don Ramiro   Id, y perdonad, señor;
                    que estuve de enojo ciego.

Don Alonso   Sobrino, este papel ved.

Don Diego   Señor, esta firma es mía.

Don Alonso   Este, agora, conoced.

Don Diego   ¿Cúyo?

Don Alonso   De doña María,
                    de vuestra prima; leed.

Don Diego   Sosegado está mi pecho;
                    salí de temido estrecho.

Don Alonso   Quisiéraos satisfacer.

Don Diego   Para mí no es menester.

Don Ramiro   Pues yo ya estoy satisfecho.

Don Alonso   Daos las manos.

Don Diego   Soy su amigo;
                    digo que os tendré amistad.

Don Ramiro   Lo mismo que decís digo.

Don Alonso   Y yo de vuestra bondad
              pongo al cielo por testigo,
                con experiencia de viejo;
              porque os miréis en mi espejo,
              vuestro enojo he reparado,
              y pues ya pasó el nublado,
              saldrá el Sol de mi consejo.
                Procederé como sabio
              en esta fuerte ocasión.

Don Diego   Yo callo.

Don Ramiro   Yo muerdo el labio.

Don Alonso   Aunque llegue al corazón
              la verdad de aqueste agravio,
                el que a mi hija escribió,
              y el que a mí me la pidió...

Don Diego   Por mí dice.

Don Ramiro   Yo, soy ése.

Don Alonso   Razón será que le pese
              del enojo que me dio.
                Yo sé que no le conviene
              preciarse de espadachín.

Don Diego   Dice bien.

Don Ramiro   Esto a mí viene.

Don Alonso   Que tarde tendrá buen fin
              quien malos principios tiene.

Por cierto, bien procediera
quien matara y quien hiriera,
pues cuando más me obligara,
el honor me salpicara
con la sangre que vertiera.
    No quiero correspondencias
fundadas en trato doble,
con fingidas apariencias;
que por una mujer noble
no se han de reñir pendencias.
    El que me hubiere entendido,
perdone lo que ha sufrido;
que en el enojo pasado, ·
como suegro le he mirado,
y como padre reñido.
    Venid vos.

Teresa   ¿Quién te enojó?

Don Alonso   Vuestro, pleito, se verá;
                  que el proceso llevo yo.

(Vanse don Alonso, Teresa y Lebrija.)

Don Diego   Su yerno me llamó ya.

Don Ramiro   Como a yerno me trató.

Don Diego   Dejárame don Ramiro.

Don Ramiro   De mi ventura me admiro.

Don Diego   En extremo soy dichoso.

Don Ramiro   Ya puedo llamarme esposo
de aquella por quien suspiro.

(Sale Leonido.)

Leonido   Ya, señor, queda el tordillo
relinchando, en el zaguán
con el jaez amarillo.

Don Diego   Pon luego en el alazán
el verde de cañutillo.

Leonido   ¿Pasóse ya la mohína?

Don Diego   El jaez verde, camina,
las guarniciones bordadas,
las estriberas doradas
y el bozal de plata fina.

Don Ramiro   Galán salís.

Don Diego   Bien querría;
ni ve mi bien ni su mal;
que en este dichoso día
las campanas del bozal
repican a mi alegría.

Don Ramiro   Mejor fuera que tocaran
las que en su muerte doblaran,
y, sin duda, fuera cierto
que no escapara de muerto
si mi dicha le contaran.

Don Diego   ¿Trujiste cañas?

| Leonido | Y lanza. |

| Don Ramiro | Don Diego, no nos tardemos. |

| Leonido | No hay amantes sin extremos,
ni veleta sin mudanza. |

(Vanse todos; sale don Alonso y Lebrija.)

| Don Alonso | La cena esté prevenida
como ya tengo tratado:
en los servicios, cuidado,
y presteza en la bebida. |

| Lebrija | La nieve de mí confía,
que este es el mayor regalo. |

| Don Alonso | No hay banquete que sea malo
si está la bebida fría;
con mucho cuidado estoy,
que tiene don Juan, mi hijo,
cuadrilla en su regocijo,
y cena en su nombre doy;
que siempre en esta ciudad
usamos los cuadrilleros
dar cena a los caballeros
de nuestra parcialidad. |

| Lebrija | ¿Tengo de ir por mi señora? |

| Don Alonso | Con mi hermana se vendrá,
que en sus ventanas está. |

Lebrija

Dígolo porque ya es hora.

Don Alonso

    La postrera había de ser
de su vida y de la mía.

Lebrija

Ninguna culpa tenía;
yo sé...

Don Alonso

        No hay qué saber.

Lebrija

    Notable fue tu cordura
con los dos competidores.

Don Alonso

Siempre en las cosas de amores
tomo la judicatura;
    pero mi cuerda experiencia
de tal suerte me ha guiado,
que la he visto, y ha llegado
en mi favor la sentencia.

Lebrija

    Con tu discreción, señor,
un reino puedes honrar.

Don Alonso

Quien tiene hijas que casar,
de vidrio tiene el honor.
    El verdugo tiene al lado,
sin alas se atreve al viento,
y navega en mar violento,
dentro en bajel barrenado;
    habita en minada torre,
entre espinas se recrea,
sobre pantanos pasea,
y en potro sin freno corre;
    del aire vano se espanta,

en balde su furia toca,
el agua tiene a la boca
y el cuchillo a la garganta:
   esto y más puede temer
el hombre de más valor
que tiene puesto el honor
al aire de una mujer:
   yo, pues, que tengo dos hijas,
dos hijas mozas sin madre,
yo, que soy noble y soy padre,
mira...

Lebrija   Señor, no te aflijas,
que mi señora...

Don Alonso   Es razón,
que es de amor la llamarada,
y aunque sangre de Ahumada,
quizá lo está mi opinión.

(Sale doña Juana.)

Doña Juana   Ya se hace tarde.

Lebrija   Aquí viene.

Don Alonso   Plática se mude ahora.

Doña Juana   Señor, mira que ya es hora
y que abreviar te conviene.

Don Alonso   Doña Juana, hija, querida,
¿qué dices?

Doña Juana   Padre y señor,
que me debes mucho amor.

Don Alonso   Eres alma de mi vida.
   Que estarás quejosa arguyo,
porque a las fiestas no fuiste.

Doña Juana   Tu gusto, señor, hiciste,
y el mío es hacer el tuyo,
   que no tengo otro contento.
   Sino el que te doy a ti.

Don Alonso   Bien lisonjas.

Doña Juana   Es ansí.

Don Alonso   Calla.

Doña Juana   Verdades te cuento;
bien puedes creerme.

Don Alonso   Baste,
   que razón tuvieras, Juana,
pues fue a los toros tu hermana,
y tú en casa te quedaste,
   que aunque eres menor de edad,
mayor caudal en ti hallé,
pues hoy, Juana, te fié
mi casa.

Doña Juana   Dices verdad.

Don Alonso   Haya en todo. buena cuenta.

Doña Juana   Cree, señor, que te he servido;
                    todo está ya prevenido;
                    yo te sacaré de afrenta;
                      sarao tendrás esta noche.

Don Alonso   Y llegará a la mañana.

Doña Juana   ¿No, es hora de ir por mi hermana,
                    Lebrija?

Lebrija   Vendrá en un coche.

Don Alonso   Estén hachas prevenidas
                    por lo que acaso se ofrezca.

Lebrija   Luego, al punto que anochezca,
                    señor, las tendré encendidas.

Don Alonso   ¿Hay truchas?

Doña Juana   Sí, las que bastan.

Don Alonso   El mejor plato será.

Doña Juana   ¡Petrona!

Lebrija   En la sala está.

Doña Juana   ¡Petrona!

(Sale Petrona con plumas.)

Petrona   El nombre me gastan,
                    ¿qué mandas a esta cuitada?

Don Alonso	¿Qué es lo. que tienes, Petrona?

Petrona	Habíalo con la mona, que es una desvergonzada.

Don Alonso	Pues dime, ¿qué ha sido el caso?

Petrona	Estoy por desesperarme, señor; ha dado en cocarme todas las veces que paso.

Don Alonso	Pues esto, ¿qué importa?

Petrona	¡Bien! Yo la coco porque es loca, y pues ella a mí me coca, loca me llama también; ya basta lo que he sufrido; no más cocos con martica.

Don Alonso	Mirad, pues, que quien se pica, dicen que ajos ha comido. Y aquí, para entre los dos, yo digo, amiga Petrona, que te ha cocado por mona.

Petrona	¡Malos años para vos!

Lebrija	Y aún es peor, que por vieja te ha cocado.

Petrona	¡El cimenterio!

Lebrija   Este es, Petrona, el misterio.

Petrona   Por eso es mayor mi queja;
                        cóqueme por perezosa,
                     por floja, por descuidada,
                     por fea, por afeitada,
                     por liviana, por golosa;
                        cóqueme por el dormir,
                     por lo tinto, por lo aloque,
                     y por vieja no me coque,
                     porque no lo he de sufrir.

Lebrija   Y si lo eres.

Petrona   ¡Majadero!

Lebrija   ¡Paco!

Petrona   ¿Vieja me llamó?
                     ¿Parece él mejor que yo,
                     cara de mocos de herrero?

Lebrija   Quedaos con ella, Lebrija,
                     cocadla más.

Petrona   ¡Rabio en parte!

Doña Juana   La mesa quiero enseñarte,
                     vamos, señor.

Don Alonso   Vamos, hija,

(Vanse don Alonso y doña Juana.)

Lebrija   ¿Son plumas?

Petrona   Sí, plumas son
                 de las aves que he pelado.

Lebrija   Buena invención has sacado.

Petrona   ¿Yo, Lebrija? ¿Qué invención?

Lebrija   Mujer vieja y emplumada...
                 Pregúntalo a la cartilla.

Petrona   Miente el caduco, potrilla.

Lebrija   Poco a poco, deslenguada.

Petrona   ¿Pensáis que os he de sufrir?
                 Antes yo de rabia muera:
                 no me llames cobertera,
                 que aún de olla puedo servir.

Lebrija   Ya es ése mucho desgarro...

Petrona   Vos tenéis muy gentil cholla.

Lebrija   Ya no pasaréis por olla.

Petrona   Vos podéis pasar por jarro.

Lebrija   Calla, loca.

Petrona   Soy honrada,
                 y de algún bueno sobrina.

| Lebrija | Sí, que allá por la cocina
te puedes llamar ahumada. |

| Petrona | Agradecedlo a quien viene,
que a fe que yo os respondiera. |

| Lebrija | Dios me libre de esta fiera
por lo que de sierpe tiene. |

(Salen don Alonso, Teresa, doña Juana y pajes con hachas.)

| Don Alonso | Las hachas aquí dejad,
y al patio, pajes, volved;
vos las mesas componed,
y vos en su guarda estad.
Luego lo que importa ordena. |

| Doña Juana | Al corredor quiero ir;
que he de estar a recibir
los que vienen a la cena. |

| Don Alonso | El trabajo se reparta. |

| Lebrija | Vamos de aquí, fregatriz,
que eres por lo flaco miz,
y por lo cocale, marta. |

| Petrona | Vamos, señor Gandalin,
que es hambriento por lo hidalgo,
y ligero por lo galgo,
y burdo por lo mastín. |

(Vanse Lebrija y Petrona.)

Don Alonso	Contigo solo he quedado,
	de razón y furia lleno,
	porque pruebes el veneno
	que tu liviandad me ha dado.
	Y fue llevarte a la fiesta,
	porque quise, como sabio,
	disimular el agravio
	que tanta pena me cuesta.
	¡Dos papeles en un día!
	¡Por cierto, honrada mujer!

Don Alonso — Contigo solo he quedado,
de razón y furia lleno,
porque pruebes el veneno
que tu liviandad me ha dado.
  Y fue llevarte a la fiesta,
porque quise, como sabio,
disimular el agravio
que tanta pena me cuesta.
  ¡Dos papeles en un día!
¡Por cierto, honrada mujer!

Teresa — No te acabo de entender.
¿Qué dices?

Don Alonso —   Bien, a fe mía.

Teresa —   ¿No traes los papeles?

Don Alonso —   Sí.

Teresa — De mi prima son los dos.

Don Alonso — Y éste, ¿qué es?

Teresa —   ¡Válgame Dios!
Algún engaño hay aquí.

Don Alonso —   ¡Ah, falsa!

Teresa —   ¿No me dirás
en qué?

Don Alonso —   Mira estos papeles,
que son testigos fieles

de que engañándome estás;
        este firma don Ramiro,
de su engaño y amor ciego,
y éste, tu primo don Diego.

Teresa   ¡Mi primo! ¿Qué es lo que miro?
        Y ¿son éstos, di, señor,
los que en mi poder hallaste?

Don Alonso   Y el corte que levantaste
contra el filo de mi honor.

Teresa   ¡Jesús me valga! ¿Qué haré?
Señor, engañada fui.

Don Alonso   ¿Qué disculpa tienes, di,
en tu manga los hallé?

Teresa   Engaño ha sido.

Don Alonso   Y bien grande;
pues hoy, falsa, mi honor menguas,
que la mujer que anda en lenguas,
no es bien que en papeles ande.
        Que aunque haya de ser marido,
después de haberse casado
sentirá, si fuese honrado,
que los hayas recibido.

Teresa   No juzgues en mi deshonra.

Don Alonso   Escrita mira, y firmada,
la cruel sentencia dada
contra el cuello de mi honra.

                    Estas las probanzas son
falsas, cruel Falerina;
que nunca en rostro de harina
sufre afeites la opinión.

Teresa   Por de mis primas me dieron
dos papeles.

Don Alonso   ¡Ay, tirana!

Teresa   Y otro por de doña Juana;
con este engaño vinieron:
    no culpes mi buen decoro;
que este acíbar escondido,
píldora de engaño ha sido,
cubierta con hojas de oro.

Don Alonso   De muerte dirás mejor;
que son las de estos papeles
hojas de aceros crueles,
forjadas contra mi honor.

Teresa   No me afrentes.

Don Alonso   ¡Pierdo el ser!

Teresa   Sin razón, señor, te enojas.

Don Alonso   Pues siembras en estas hojas,
¿qué fruto quieres coger?

Teresa   Ya digo que por engaño
los billetes recibí;
no me trates, padre, ansí,

que estoy salva.

Don Alonso   ¡Extraño caso!
                        Reconoce este papel:
                la firma y lo escrito mira,
                verás clara tu mentira,
                y mi afrenta escrita en él.
                        Teresa, ¿ves tu deshonra?

Teresa   Una toca di a mi primo,
                que como a deudo le estimo,
                que como a deuda me honra.

Don Alonso   Hija, tengas culpa o no,
                la ocasión quiero quitarte;
                digo que quiero casarte,
                para no cansarme yo;
                        ya la mano tengo dada;
                don Ramiro es tu marido.

Teresa   Llámole yo mal venido;
                no tengo de ser casada.

Don Alonso   ¿Qué me dices?

Teresa   Solo digo
                que ser monja es mi deseo.

Don Alonso   ¿Monja, hija? No lo creo.

Teresa   Solo el cielo es buen testigo;
                        no hay duda que me poner;
                que nada, señor, me espanta.

Don Alonso   Ya te imagino una santa;
                    milagros podrás hacer.

Teresa   ¿Burlas?

Don Alonso   Por lo que te ensalzas.

Teresa   En religión quiero entrar.

Don Alonso   Y luego querrás fundar
                    convento de las Descalzas;
                       darás ejemplar doctrina
                    mostrando a tu religión
                    suspiros en la oración
                    y sangre en la disciplina;
                       ya llego a considerarte
                    una vara y más del suelo;
                    ya pienso que se abre el cielo
                    con gusto de enamorarte;
                       andarás toda endiosada,
                    y ayunarás todo el día,
                    pasarás la noche fría
                    en oración transportada.
                       Ya me das indicios ciertos,
                    aunque de mí no creídos,
                    que has de sanar los tullidos
                    y resucitar los muertos;
                       la tierra no ha de comer
                    tu difunto cuerpo helado,
                    y al fin, después de enterrado,
                    viva sangre ha de verter;
                       tus reliquias verdaderas
                    el lugar irá besando.

Teresa

Lo que me dices burlando
podrá Dios hacer de veras.

Don Alonso

Mira que yo el ser te di.

Teresa

No he de hacer el casamiento.

Don Alonso

¿Por qué?

Teresa

Por mi buen intento.

Don Alonso

Mira que no estás en ti;
   de tu provecho te olvidas:
que si llegamos a cuentas,
pocas monjas hay contentas,
y muchas arrepentidas.

(Sale doña Juana.)

Doña Juana

Ya la sala tienen llena,
mi señor, tus convidados;
mira que vienen cansados,
y que se tarda la cena.

Don Alonso

Vamos, hija; y vos mirad
que está el sí que tengo dado
para mañana tratado.

Teresa

Aún tengo yo voluntad.
   Y cuando casada sea,
solo ha de ser con don Diego.

(Salen don Ramiro y Petrona.)

Don Ramiro   A tu esfera se va el fuego,
                  y el alma al fin que desea.

Petrona   Contigo, señor, me alegro.

Don Ramiro   Toma.

Petrona   El provecho está llano;
                  parece de ámbar la mano
                  por lo anillo y por lo negro.

Don Ramiro   Y mano que ha florecido
                  con otro, muy bien parece;
                  buena ocasión se me ofrece.

Petrona   ¡Gran ventura se ha tenido!

(Salen don Diego y Lebrija.)

Don Diego   Lebrija amigo, tomad,
                  poné al cuello esta cadena.

Lebrija   Lo que durare la cena
                  tenéis de tiempo, llegad.

Don Ramiro   Como esposo llegar quiero.

Don Diego   Llegar quiero como esposo.

Don Ramiro   Ya llega el punto dichoso,
                  que gozar mi gloria espero.

Teresa   ¿Quién ha entrado en mi aposento?

Don Ramiro   Vuestro esposo.

Teresa   ¿Dos esposos?

Don Ramiro   ¡Abrid los ojos hermosos!

Don Diego   ¡Mirad que sois mi contento!
                       ¿Es don Ramiro?

Don Ramiro   Es don Diego.

Don Diego   Soy dueño de esta ocasión.

Don Ramiro   Yo estoy en la posesión.

Don Diego   Yo estoy en medio del fuego.

Don Ramiro   Yo vengo como marido.

Don Diego   Yo vengo como casado.

Don Ramiro   Yo solo soy el llamado.

Don Diego   Pues yo solo el escogido.

Don Ramiro   Yo digo en todo verdad.

Don Diego   Yo también la digo en todo.

Don Ramiro   Probémoslo de este modo.

Teresa   Dése algún medio: escuchad.

Don Ramiro   Ya forzoso es remitirse

a la espada; esto ha de ser;
que es diamante la mujer,
y pierde mucho en partirse.

Teresa   Tened, si acaso los dos
queréis honrarme.

Don Ramiro   Yo, sí.

Teresa   ¿Y vos?

Don Diego   Responda por mí
el alma que tengo en vos.

Teresa   Gran peligro mi amor tiene:
volved a considerar;
pero ya no hay que mirar,
que mi padre es el que viene.

(Sale don Alonso.)

Don Alonso   ¿Qué es esto?

Teresa   Llega, señor;
desvíate, aleve, aparte,
que ordinario, el que departe
lleva la parte peor.

Don Alonso   ¡Caballeros en mi casa!
¡En el cuarto de mis hijas!

Teresa   Tu furia es bien que corrijas.

Don Alonso   ¿Qué ha sido esto? ¿Cómo pasa?

Don Ramiro
  Yo, señor, guardo mi esposa,
y en rabiosos celos ardo.

Don Diego
  Yo, señor, mi esposa guardo,
lleno de furia celosa.

Don Alonso
  Buen fin mi casa en ti halla
¿Qué dices de lo que digo?
Pero no hay tan buen testigo
como el reo cuando calla.

Teresa
  Cuando culpada me hallares,
corta el hilo de mis días.

Don Alonso
  Un marido no querías,
mas ya los tienes a pares:
y dirás con arrogancia
que es honrosa la ocasión,
pues que los pares no son
más que los doce de Francia.
  Ya mi honor a entender viene
tu falsedad y lisonja;
que mal será buena monja
quien tantos maridos tiene.

Don Ramiro
  Nuestra la culpa es, señor.

Don Diego
  Los dos tenemos la culpa.

Don Alonso
  Uno y otro la disculpa,
pero cúlpala mi honor.

Teresa
  Quiero abonar mi partido;

señor, si ciego no estás,
dos celosos hallarás,
y ningún favorecido.

   No te ofenden, padre, a ti,
que me pretenden a mí
si yo no les favorezco.

Don Alonso   Temo que tu honor infamen,
y más en este lugar.

Teresa   Si ellos me quieren amar,
¿puedo hacer que no me amen?
   No tengo yo poderío
contra su amoroso abismo;
que los hombres, aun Dios mismo
les deja el libre albedrío.

Don Alonso   ¿Quién los trajo a tu aposento?

Teresa   No lo he sabido, señor.

Don Alonso   Como fantasmas de amor
se vendrían por el viento.

Don Diego   Yo, que en esperanza estaba,
ver mi esposa pretendía.

Don Ramiro   Yo, que esperanza tenía,
la posesión procuraba.

Don Alonso   Aunque enojado me habéis,
hoy de nuevo me obligáis,
pues de mi sangre os honráis

y ser mis deudos queréis.
   Y si acaso esta hija cara
dividir en dos pudiera,
una a cada uno diera
y de los dos me ilustrara.
   Mas supuesto que ella es una
y que los yernos son dos,
ella elija, y trace Dios
lo que importe a su fortuna.
   Y lo que es de la cuestión
no se trate, aquí se quede,
porque si se sabe puede
manchar mi buena opinión.
   Disimulad; que ya sale
don Juan con los convidados,

Don Ramiro   Logre el amor mis cuidados.

Don Diego   Mi premio a mi pena iguale.

Don Alonso   Diré que al sarao vinisteis;
que importa disimular.

(Salen don Juan, y Juan del Valle, y pajes con hachas.)

Valle   Dése principio al danzar.

Don Juan   Siempre cortesano fuisteis.

Valle   Hermosa está doña Juana.

Don Alonso   Dése principio al sarao.

Don Juan   Tocad un pie de gibao,

danzaréle con mi hermana.

Teresa   Una batalla es mejor.

Don Diego   Si mi tío me dejara,
                            yo la batalla lanzara
                            contra mi competidor.

(Danzan Teresa y don Juan.)

Valle   ¡Buen aire!

Don Ramiro   En extremo danza;
                            ella se lleva la palma.

Don Diego   Medida me toma al alma.
                            el compás de esta mudanza.

Valle   Es lo que hay que desear.

Teresa   Cansada quedo, a fe mía.

Don Ramiro   Mirad que ha llegado el día
                            en que me habéis de juzgar.

Don Diego   Prima, en el punto dichoso,
                            mirad que estéis bien templada.

Teresa   Caso que yo sea casada.
                            vos, primo, seréis mi esposo.

Valle   Si gustáis, dance conmigo
                            mi señora doña Juana.

Don Juan   Bien puede danzar mi hermana;
                  que Valle es muy gran mi amigo.

Valle   Salid antes que amanezca
                  para que el alba se afrente
                  viendo que en nuestro oriente
                  hay otra que la oscurezca.

Doña Juana   ¿Qué es lo que mandáis que dance?

Valle   Decid vos.

Doña Juana   Un saltarén.

Valle   Yo sabré volalle bien,
                  y plega a Dios que os alcance.

(Danzan.)

Teresa   Hermano, disimulando,
                  conviene a nuestra opinión
                  que, para cierta ocasión,
                  me vengáis acompañando.
                    Vamos, pues.

(Vanse don Juan y Teresa.)

Don Ramiro   Doña Teresa
                  con don Juan, su hermano, fue;
                  seguillos quisiera, a fe.

Don Diego   De no seguillos me pesa.

Valle   Como de vos se esperó.

| Doña Juana | Por daros gusto salí. |

(Sale don Juan.)

| Don Juan | Señor, engañado fui. |

| Valle | ¿Quién o cómo te engañó? |

| Don Juan | Mi hermana. |

| Don Alonso | Dime su intento. |

Don Juan

Con extraña presunción
me llevó a la Encarnación
y se quedó en el convento.
   Dice que antes que se venga,
por lo que tú ya has sabido,
quiere elegir un marido
que a nuestra opinión convenga.
   Dice que la veas luego.

Don Alonso

Quédese el sarao ahora;
que ya el pintor de la aurora
derrama esmaltes de fuego.
   Perdonad.

| Don Ramiro | Todos iremos. |

| Don Diego | Mi vida o muerte he de ver. |

Don Alonso

¿Qué intento puede tener?
Con brevedad lo veremos.

(Vanse; salen Teresa y la Abadesa de la Encarnación; queda a la puerta un sacristán.)

Teresa
    Aquí en la iglesia estaré
en lo que mi padre viene.

Abadesa
Sea ansí; buen celo tiene;
guarda la puerta.

Sacristán
               Sí haré.

Teresa
    Mi luz, Cristo, habéis de ser,
y en casa de vuestra Madre
os pido, como a mi padre,
consejo en lo que he de hacer,
    cómo os pueda más servir.

(Va Leonido a entrar.)

Leonido
Amigo, luego saldré.

Teresa
Dios, ¿con cuál marido iré?

Sacristán
Con Cristo se puede ir.

Teresa
    Con Cristo una voz me dijo;
el cielo debe de hablar.

Leonido
¿No entraré?

Sacristán
            No hay que dudar.

Leonido
Déjame, no, seas prolijo.

Teresa   Esta voz misterio esconde,
                pues cuando lo digo yo
                que es el cielo quien me habló,
                no hay que dudar, me responde.
                   Aunque su dueño no he visto,
                por quien habla, voz es cierta.

Leonido   ¿Por quién guardas esta puerta?

Sacristán   Por esta casa y por Cristo.

Teresa   Por Cristo y por esta casa
                dice el que habla: ¡extraño caso!
                Sudores de muerte paso.

(Dale Leonido un rempujón al sacristán.)

Sacristán   Esto y más, por Dios se pasa.

Teresa   Por Dios se pasa esto y más;
                mi luz esta voz ordena.
                ¿Por quién se pasa esta pena?

Sacristán   Por Dios.

Leonido   En blasfemo das.
                No jures.

Teresa   Al pensamiento,
                ¿quién dará el medio que aguarda?

Leonido   ¿Quién os puso aquí de guarda?

Sacristán   ¿No os he dicho que el convento?

Leonido   Habla paso...

Teresa   Qué, ¿hallaré
                   en el convento consuelos?

Sacristán   Como Dios está en los cielos.

Leonido   No jures, sosiégate.

Teresa   ¿Que aquí el medio he de tener,
                   como en el cielo está Dios?

Sacristán   Aquí, para entre los dos,
                   esto que digo ha de ser.

Teresa   Al alma esta voz conforta;
                   mas con todo, hay que dudar.

Sacristán   No tiene que se cansar;
                   que ya he dicho lo que importa.

Teresa   ¿Lo que me importa? Es verdad;
                   pero tan confusa estoy,
                   que crédito no me doy.

Sacristán   Ya es mucha incredulidad.

Teresa   Ved, señor, que estoy dudando:
                   ayudad porque no caya.

Sacristán   ¿Yo no he dicho que se vaya
                   con Cristo? ¿Qué está cansando?

Teresa

    Cansando dice que estoy,
con suave tono y manso;
mas yo digo que descanso
con lo que cansando voy.

Leonido

    Hacia aquí nos desviemos
y hablemos paso.

Sacristán

               En buen hora;
pero no hay lugar ahora.

Leonido

Como que e...

Sacristán

Don Alonso...
Es que co...

Leonido

Disim...

Sacristán

Ya la...
     Salen la...

Abadesa

Vuestro padre viene aquí,
y vuestros deudos también.

Don Alonso

Plegue a Dios que pare en bien.

Don Juan

Cierto que lo pienso ansí.

Don Alonso

   Señora doña María...

Abadesa

¿Por vuestra prenda vendréis?

Don Alonso

Vuestra llamarla podréis.

| Abadesa | Débolo a su cortesía. |

| Don Alonso | Hija, ¿cómo aquesto ha sido
sin mi orden, sin hablar? |

| Teresa | Con Dios quise aconsejar,
y a su casa me he venido. |

| Don Alonso | Pues don Ramiro y don Diego,
den Juan y yo, que aquí estamos,
todos respuesta esperamos
de tu gusto y mi sosiego;
 Dios te inspire, hija querida,
con que esta elección se acierte. |

| Don Ramiro | Dame la vida o la muerte. |

| Don Diego | Dame la muerte o la vida. |

| Don Ramiro | Su padre está de mi parte;
sin duda seré el nombrado. |

| Don Diego | Pues la palabra me has dado,
el alma quiero fiarte. |

| Teresa | Al fin en esta ocasión
mi nombramiento es forzoso. |

| Don Alonso | Tuyo ha de ser el esposo,
y a tu gusto la elección.
 Pues ya de mí se fió
el nombramiento presente
yo nombro a... |

Don Ramiro   Detente,
              que el nombrado he de ser yo...
              qué importa a mi honor...
                              mbién
                              el bien
                              amor
                              ida

              ....

              Pero importa claridad,
                y ansí, para mi sosiego,
              a don Ramiro, a don Diego.
              declaro mi voluntad;
                y por no dejar celoso
              a ninguno de los dos,
              nombro por esposo a Dios,
              que es el verdadero esposo.

Don Ramiro   El alma teme y se abrasa.

Don Diego   Ella teme su interés.

Teresa   Pues ya Dios mi esposo es,
                  quiero quedarme en su casa.

Don Alonso   Escucha.

Teresa   No hay qué escuchar.

Don Alonso   Advierte...

Teresa   No hay qué advertir,
                  que a mi esposo he de seguir,
                  y a mi padre he de dejar.

Petrona   Pues mi justo amor me abona,
                           lléveme consigo allá.

Abadesa   Y tú, ¿qué has de hacer acá?

Petrona   Seré monja motilona.

(Vanse Teresa, la Abadesa y Petrona.)

Don Alonso   ¡Extraña resolución!

Don Juan   Por cierto motivo honrado.

Don Diego   De esposo se ha mejorado.

Don Alonso   Y yo lo estoy de opinión.

Don Ramiro   ¿Qué os parece?

Don Diego   No me espanto.

Don Ramiro   Alzósenos Dios con ella.

Don Alonso   Tenía censo sobre ella;
                           y quísola por el tanto:
                           vamos a la portería.

Don Juan   Razón es que la veamos.

Don Diego   Vamos todos; venid, vamos.

Don Alonso   Llorando voy de alegría

Don Ramiro   ¡Grande fe!

Don Juan   ¿Tendrá constancia?

Don Alonso   No la pude persuadir.

Sacristán   Ojos que la vieron ir,
                    no la verán más en Francia.

                    Fin de la primera jornada

Jornada segunda

(Sale un ángel con una lanza y Teresa de Jesús.)

Ángel

    Si el corazón de Dios habéis herido
con vuestras oraciones amorosas,
recibid estos golpes que os envía,
rásguese vuestro pecho enternecido,
y causen las heridas rigurosas
pena, dolor, contento y alegría.
Y si es ferviente fría,
la punta de este dardo fuego tiene,
fuego de amor, que enciende y nunca abrasa;
no os quemará su brasa,
porque templado con el hierro viene;
sufrid agora, y luego
podréis tocar con el amor a fuego,
que es lo que más le agrada,
veros arder y veros ahumada.

(Vase.)

Teresa

    Herid, herid con goldes más continos;
dejadme el pecho, si gustáis, rasgado,
y una ventaja os llevaré en el suelo,
pues a vos, dulce Esposo, os dio Longinos
la lanzada con que os rompió el costado,
y a mí me abrasa un serafín del cielo:
heridme sin recelo,
seré herida cierva, y vos la fuente,
a mi sed suficiente,
que otra agua no apetezca;
la fuente salutífera merezca,
en cuyas aguas vivas dé a mi fragua

el dardo el fuego, y vuestra fuente el agua.

(Vase; sale Mariano de ermitaño, y la Abadesa, y Petrona de motilona.)

Mariano   Qué, ¿ya está doña Teresa
                   en ese punto, señora?

Abadesa   Morirá dentro de un hora.

Mariano   Por cierto, mucho me pesa;
                       grande sierva de Dios era.

Abadesa   Grandes muestras había dado.

Mariano   ¿Al fin la han desahuciado?

Abadesa   Solo su muerte se espera.

Mariano   ¿Qué mal tiene?

Abadesa   Un accidente
                   que me ha puesto en confusión;
                   él es mal de corazón,
                   porque ni habla ni siente.

Mariano   ¿Qué habrá que este mal le dio?

Abadesa   Tres días debe de haber.

Mariano   ¿De qué pudo suceder?

Abadesa   No lo puedo saber yo.
                       Solo sé por cosa cierta
                   que su mal no tiene cura

sino el de la sepultura,
que presto veréis abierta.

Mariano   Sabe Dios lo que me pesa
que falte en esta ocasión,
porque de una Religión
ha de ser madre Teresa.
 La cual crecerá de suerte
por todo el mundo, que asombre,
donde ha de tener por nombre
mujer varonil y fuerte.
 Mil prodigios ha de obrar
la que veis tan humillada,
y siendo virgen hallada,
con sus hijos se ha de honrar.
 Y por soberanos modos
crecerán tanto, que entiendo
que andarán los más pidiendo,
y andarán descalzos todos.

Abadesa   Y ¿eso lo tenéis creído?

Mariano   Eso será cosa cierta.

Abadesa   Vos la vendréis a ver muerta
antes que aqueso cumplido.

Mariano   ¿Remedios no se le han hecho
en este mal que ha tenido?

Abadesa   Todos cuantos se han podido;
pero no son de provecho.
 Tres doctores la visitan,
y no hay remedio que cuadre.

Petrona   Antes me parece, padre,
                           que su muerte solicitan.

Mariano   Contra Dios no hay resistir.

Abadesa   Ni contra la muerte hay artes.

Mariano   Dios la eche a aquellas partes
                           donde más se ha de servir.

Abadesa   ¿Queréisla ver?

Mariano   Sí quería.

Abadesa   Pues vedla subida en calma.

Mariano   Dios se acuerde de su alma;
                           que es lo que importa este día.

(Corre una cortina, y está Teresa como que se está muriendo.)

Abadesa   Teresa está de esta suerte.

Mariano   Por cierto, gran confusión;
                           cualquier mal de corazón
                           es imagen de la muerte.

Abadesa   Buen nombre dado le habéis;
                           padre, encomendalda a Dios.

Mariano   Eso podéis hacer vos,
                           pues tanto con Dios podéis.

Abadesa   Padre, vos por ella orad,
                 que yo soy gran pecadora.
                 Ocasión tenéis ahora;
                 en ese oratorio entrad.

Mariano   A Dios la encomendaré,
                 y si acaso en sí volviese,
                 porque al punto se confiese,
                 cerca, señora, estaré.

(Vase el ermitaño.)

Petrona   Dígame, por vida mía,
                 ¿qué fraile es ése?

Abadesa   Es un santo,
                 que rasga al cielo su manto
                 el aire que Dios envía.

Petrona   Y el Papa, ¿no le persigue?

Abadesa   ¿Qué es lo que dices?

Petrona   Dirélo,
                 que pues rasga el manto, al cielo,
                 es bien que Dios le castigue.

Abadesa   No entiendes bien lo que digo.

Petrona   ¿Quién mi verdad interrumpe?
                 Si es que el manto al cielo rompe,
                 ¿no merece gran castigo?

Abadesa   En medio de la oración,

cuando elevado se ve,
la maestra de su fe
abre a Dios el corazón.

Petrona   ¿Hay tan gran bellaquería?
¡Que a Dios el corazón abre!
Y ¡que no le descalabre
un tiro de artillería!

Abadesa   ¿Tú no ves que es fray Mariano,
y que es un santo, Petrona?

Petrona   Y dígame, ¿es de corona?

Abadesa   Téngate Dios de su mano.

Petrona   El es un mal frailejón.

Abadesa   ¡Calla!

Petrona   ¿Por qué ha de ser santo
quien al cielo rasga el manto
y abre a Dios el corazón?

Abadesa   ¿Quién vio mayor inocencia?
digo que cuando está orando,
que Dios le está regalando
con los rayos de su ausencia.
Que el decir que rasga el manto
del cielo que le enamora,
y el pecho le abre, si llora,
es decirte que es un santo.

Petrona   Pues conmigo, ¿qué servía

decírmelo con rodeo,
si no es que tiene deseo
que diga alguna herejía?

Abadesa   Petrona, quédate aquí;
ten cuidado con la enferma.

Petrona   Ruegue a Dios que no me duerma,
que bien puede fiar de mí.

(Vase; échase Petrona a los pies de la cama; sale fray Mariano haciendo oración.)

Mariano   ¡Sacro Pastor del cielo,
con el cayado de la cruz hermosa,
guardad esta ovejuela temerosa,
cuya piel erizada,
con vuestra sangre viene señalada!
  Guardadla, Cristo amado,
del fiero lobo que la mira hambriento;
mirad que os ha costado
más interés que vale el firmamento,
cuyas alfombras bellas
tienden a vuestras plantas las estrellas.
  Miradla, Pastor justo,
con ojos de piedad y de concordia;
y pues siempre os da gusto
que os pida el pecador misericordia,
yo, viendo el cuerpo en calma,
en su nombre os la pido por su alma.

(Suena una trompa en lo alto; aparecen la Justicia, San Miguel, con un peso, y en lo bajo, un ángel y un demonio.)

San Miguel   Es el pleito, Señor, que se litiga
                  entre el Ángel de Guarda y el Demonio,
                  sobre un alma que sale ya del cuerpo
                  de una doña Teresa de Ahumada,
                  monja profesa en la ciudad de Ávila;
                  sobre esto ha sido el pleito, y la discordia.

Demonio   Justicia pido.

Ángel   Yo misericordia.

Mariano   Señor, si con la vida ha de serviros,
                  viva doña Teresa, mi Dios, viva.

Justicia   Mucho puede conmigo un hombre justo;
                  pues que no ha muerto, désele otro término;
                  vuelva a su cuerpo otra vez el alma,
                  que está guarda para grandes cosas.

Demonio   Justicia sacra, por sentencia tuya
                  está mandado que esta mujer muera;
                  manda que tu justicia se ejecute;
                  no revoques el fallo de tu audiencia.

Ángel   Enfrena la soberbia, desbocado.

Demonio   En perdiendo la silla, perdí el freno.

Ángel   Bien se echa de ver; Justicia sacra,
                  piedad, piedad en esta gran discordia.

Demonio   Justicia pido.

Ángel   Yo misericordia.

Demonio   Manda, señor, que muera; tenga efecto
el auto justamente proveído.

Ángel   Supuesto que si muere ha de salvarse,
¿de qué te sirve, a ti que agora muera?

Demonio   Temo.

Ángel   ¿Qué temes?

Demonio   Que si ahora vive,
ha de sacar de mis ardientes uñas
más almas que la Libia tiene arenas
y que el fúlgido Sol menudos átomos.

Ángel   Siempre de judiciario te preciaste.

Demonio   Tan astrólogo soy como solía;
que no perdí la ciencia con la gracia.

Justicia   Viva doña Teresa.

Demonio   ¡Rabia en ella
y en mí que tal escucho! ¿No bastaba
la burla de la silla que en el fuego,
en los cóncavos senos del abismo,
mandaste prevenir para esta monja,
sino agora de nuevo amenazarme
con su vida? ¡Reniego!

Ángel   ¡Vade retro!

Justicia   Ha de vivir y ser gran sierva mía.

Ángel   Todo viene a parar en fiel concordia.

Demonio   Justicia pido.

Ángel   Yo misericordia.

(Descúbrese una silla de fuego.)

Justicia   ¿Qué es esto?

Demonio   Ahora quiero que tú veas
                    la ardiente silla que en el hondo infierno
                    tuvo por sus pecados merecida,
                    por livianos intentos y descuidos
                    que en los mandatos de tu mano tuvo;
                    mira, señor, a quien mercedes haces.

(Tiembla Teresa en la cama.)

Mariano   Grandes secretos son, Señor, los tuyos.

Justicia   Volvióse a mí con amoroso pecho;
                    y cualquier pecador, y a cualquier hora
                    que a mí se vuelva el corazón contrito,
                    sabe que tendré de él misericordia.

Demonio   Reniego de la luz que un tiempo tuve.

Justicia   Asiéntese este auto que pronuncio,
                    digo del conocido y nuevo término;
                    désele fin al pleito de esta audiencia.

Demonio   Qué, ¿tan poco aprovechan mis cautelas?

Ángel   Gracias a Dios que salgo victorioso.

Demonio   Aquí de mi poder, aquí discordia.

Ángel   Aquí de Dios, aquí misericordia.

(Corren la cortina. éntrase el Ángel por una puerta y el Demonio por otra; sale la Abadesa y vuelve en sí Teresa.)

Abadesa   Lleguemos, que vuelve en sí.

Teresa   ¡Ay de mí!

Mariano   ¿Qué es lo que he visto?

Abadesa   Sin duda vuelve.

Teresa   ¡Ay, mi Cristo!

Abadesa   Lleguemos, padre.

Teresa   ¡Ay de mí!

Mariano   Señora.

Teresa   ¡Ay Dios!

Mariano   ¿Qué sentisteis?

Teresa   Vi que el Ángel...

Mariano   Sosegaos.

Teresa   Vi que el Demonio...

Mariano   Aclaraos.

Teresa   Vi la silla, y vi...

Mariano   ¿Qué visteis?

Teresa   Que el alma en la boca tuve.

Abadesa   De frenesí ha dado indicio.

Teresa   Tengo turbado el juicio.
de ver lo que en él estuve.

Mariano   ¿Qué es lo que visteis, señora?
Decídmelo.

Teresa   ¡Ay, padre mío!
Vi tanto, que desvarío
en referíroslo, ahora.

Mariano   Ya el accidente pasó.

Teresa   Con todo, le estoy temiendo.

Mariano   Para mí, que el caso entiendo,
ya me ha dicho lo que vio.

Teresa   Estuve para morir,
y al fin, en aqueste mal,
mi padre, vi tanto y tal,
que no lo sé referir.

Mariano   Sosegad un poco ahora,
                 que más despacio os espero.

Teresa   Ved que importa.

Mariano   Volveré.

Teresa   Adiós, padre.

Mariano   Adiós, señora.

(Vase fray Mariano y cubren a Teresa, y la Abadesa despierta a Petrona.)

Abadesa   Deo gracias. ¿Oye, hermana
                   Petrona? Está como un leño.
                   ¿No me oye? ¡Extraño sueño!
                   Dormirá de aquí a mañana.
                    ¡Petrona! ¡Jesús María,
                   y qué sueño tan pesado!
                   Petrona, ¡qué buen cuidado!
                   Despierta.

Petrona   Pues ¿quién dormía?

Abadesa   Estése otro poco, duerma;
                   levántese, ¿no me ha oído?

Petrona   Pasito, no hagan ruido;
                   que lo sentirá la enferma.

Abadesa   Cuando la estaba llamando.
                   ¿era menos el estruendo?

Petrona   Más guardaré yo durmiendo

que treinta hermanas velando.

Abadesa   Pues sepa, hermana Petrona.
                 que por haberse dormido
                 grande pena ha merecido,
                 la que no se le perdona.

(Vanse; salen Teresa y fray Mariano.)

Teresa   Ya, padre, buena me siento.

Mariano   Sospecho que os ha sanado
                 la patente que os han dado
                 para fundar el convento.

Teresa   El supremo Superior
                 me hizo gran merced;
                 tomad, mi padre, leed.

Mariano   Por cierto extraño fervor,
                 licencia para Teresa
                 dé Jesús. ¡Gran novedad!

Teresa   Voy fundada en humildad.

Mariano   Preciosa joya es esa.
                 No doña Teresa ya
                 de Ahumada.

Teresa   Desde hoy,
                 Teresa de Jesús soy,
                 y este nombre se me da.

Mariano   Buen nombre habéis escogido.

Teresa

Como escogido en efeto.

Mariano

El de Jesús es perfeto.

Teresa

Padre, regala el oído,
y en la oración más extrema,
cuando el demonio me asombre,
temerá mejor el nombre,
ya que por mí no me tema.

Mariano

Vuestro parecer alabo.

Teresa

Es amoroso.

Mariano

Y prudente.

Teresa

Leed, padre, la patente.

Mariano

Bien decís, vamos al cabo.

Lee:

«Por la presente damos licencia a Teresa de Jesús, monja profesa en nuestro convento de la Encarnación de Ávila, para que pueda fundar conventos de las Descalzas de nuestra Orden de Carmelitas, en las ciudades, villas y lugares que por bien tuviere, guardando nuestra regla primera que en el monte Carmelo fundó el santo profeta Elías; y asimismo damos licencia que, para la solicitud de los dichos conventos, salga de su convento, con una compañera, todas las veces que fuere necesario. Y mandamos a nuestros ministros inferiores que no vayan al contrario de esta nuestra patente. Dada en la ciudad de Ávila, a 22 de mayo

de 1582. Fr. Ángel de Salazar, ministro provincial de
Castilla.»

Teresa   ¿Qué decís?

Mariano   Que es obra hecha
de la suma Omnipotencia,
que dé tan amplia licencia
en religión tan estrecha.

Teresa   No quepo en mí de placer.

Mariano   Mucho os queréis estrechar.

Teresa   Esta regla he de guardar:
no hay duda que me poner.

Mariano   La penitencia es doblada;
del Carmen sois recoleta,
que es la Orden más perfeta,
y de quien Dios más se agrada;
   Orden donde Elías mostró
su profundo y santo celo;
la que fundó en el Carmelo,
y del Carmen la llamó.
   Ojalá frailes hubiera
que la quisieran tener.

Teresa   Dios lo puede todo hacer.

Mariano   A todo yo me pusiera.

Teresa   Créolo en verdad.

Mariano   Sí, haría.

Teresa   Pues quizás seréis cimiento
                de algún divino convento
                que pienso hacer algún día.

Mariano   Mujer, y ¿queréis fundar
                conventos de frailes vos?

Teresa   Mi padre, el poder de Dios
                no le queráis limitar;
                    este edificio caído,
                de los tiempos derribado,
                pienso ver edificado
                y más que nunca esparcido.
                    Palabra me dio segura
                el que no puede mentir,
                de que yo tengo de abrir
                la puerta de esta aventura.

Mariano   Aclaraos.

Teresa   En confesión,
                el caso, padre, sabréis,
                porque importa que guardéis
                secreto en esta ocasión.

Mariano   Decid, pues.

Teresa   Confieso y digo,
                padre, para entre los dos,
                que me guía el mismo Dios
                en el intento que sigo:
                    tres veces su fe me ha dado,

de Niño Jesús la una,
la otra puesto en la coluna,
y la otra crucificado.

(Sale el Demonio.)

Demonio   Mi traza importa. Es maraña;
no la creas.

Mariano   Dudo, a fe.

Demonio   Padre, alguna ilusión fue
que a esta monja la engaña.

Mariano   No fue Dios el que os habló,
como pensáis.

Demonio   Bien me ayuda.

Mariano   El demonio fue, sin duda,
pues tantas formas tomó.

Demonio   Discretamente la informas.

Mariano   Esto que os he dicho creo:
que no es Cristo el dios Proteo
para tomar tantas formas.

Demonio   Dile que huya esas visiones.

Teresa   No hay duda que me poner.

Mariano   Pues yo soy de parecer
que huyas esas tentaciones.

Demonio   Eso es lo más importante.

Mariano   Y cuando más no podáis,
                   higas y cruces hagáis
                   cuando se os ponga delante:
                      como confesor, os mando
                   que lo que os he dicho hagáis.

Teresa   Riguroso, padre, andáis.

Mariano   Vuestro bien voy entablando;
                      esto es, señora, mi oficio:
                   no hay sino tener paciencia.
                   que el acto de la obediencia
                   es el mayor sacrificio.

Teresa   ¿Que ésta os parece ilusión?

Mariano   Es muy sutil el demonio:
                   preguntadlo a San Antonio,
                   a San Mario, a San Antón.
                      hable por mí el monje Mario,
                   San Jerónimo el del yermo.
                   en la oración San Guillermo,
                   en la celda San Hilario.
                      Que con ser doctos varones,
                   el demonio, cada día
                   engañarlos pretendía,
                   como a vos, con ilusiones.
                      Muchas almas ignorantes,
                   Señora, se han condenado,
                   porque llevar se han dejado
                   de ilusiones semejantes.

Demonio   Ya no tengo más que hacer.

(Vase el Demonio.)

Mariano   Cuando venga esa ilusión,
                   huid de su tentación;
                   idos a todo correr.

Teresa   ¿Si me sigue?

Mariano   Si porfía
                   higas y cruces le dad;
                   y con esto, adiós quedad.

Teresa   Cristo vaya en vuestra guía.

(Vase fray Mariano, aparece el Niño Jesús en un altar.)

Niño   No temas; llega, mujer.

Teresa   Dulce voz, el pecho ablanda;
                   pero el confesor me manda
                   que no espere. ¿Qué he de hacer?
                     Dios me aclare mi sentido.
                   ¿Llegaré? ¿Que estoy dudosa?
                   Mas la obediencia es forzosa,
                   y el pensamiento atrevido.
                     Pero en estas dudas dos,
                   huyo. ¿Qué me desvanezco?
                   Que al confesar obedezco,
                   y en el confesor a Dios.

(Va a huir y detiénela San Pablo.)

San Pablo   Por aquí no has de pasar.
                             que el apóstol Pablo soy,
                             que el paso guardando estoy
                             porque Dios te quiere hablar.

Teresa   Pues otra puerta sé yo
                             por donde podré salir;
                             que quiero en todo seguir
                             lo que el confesor mandó.

(Vase a ir por otra puerta, detiénela San Pedro.)

San Pedro   ¿A dónde huyes por aquí?
                             vuelve a Dios, mujer; detente.

Teresa   Quisiera ser obediente.

San Pedro   No dejas de serlo ansí.

Teresa   ¡Dios lo que importa me advierta!
                             Y decidme, ¿quién sois vos?

San Pedro   San Pedro, apóstol de Dios,
                             que por él guardo esta puerta.

Teresa   ¡Válgame Dios! ¿Qué haré?
                             Los pasos tomado tengo;
                             higas y cruces prevengo,
                             que es lo más que hacer podré.

San Pablo   ¿Qué reparas?

San Pedro   ¿No concluyes?

San Pablo   ¿No llegas?

Teresa   Sí, llegar quiero.

San Pedro   ¿Qué esperas?

Teresa   Nada espero.

Niño   Vuelve a mí, ¿por qué me huyes?

Teresa   Por obedecer, Señor;
                     perdonadme si os ofendo;
                     y si peco obedeciendo,
                     culpad a mi confesor.

Niño   Esposa, de nuevo luces,
                     y nuevo premio mereces,
                     con lo bien que hoy obedeces.

Teresa   Pues tomad higas y cruces.

Niño   ¿Qué me das?

Teresa   Cruces con higas,
                     como el confesor ordena.

Niño   Obedece enhorabuena;
                     que obedeciendo me obligas.

Teresa   Higas y cruces mandó
                     que mis manos hoy os den,
                     y advirtió en extremo bien,
                     aunque acaso lo advirtió.

Con ánimo de obligaros,
cruces manda que os dé a vos,
y las cruces, Niño Dios,
claro está que han de agradaros.
    Aunque salga de compás,
dos mil cruces os daré,
y por muchas que yo os dé,
pienso que vos queréis más.
    Cruces son, Niño; miradlas,
aunque a la cruz que ilustrasteis
cuando más pecho, mostrasteis
volvisteis, Dios, las espaldas.
    Que améis la cruz es razón,
pues en ella os enclavasteis.
y es la nave en que surcasteis
el golfo de la Pasión.
    Mis cruces de gusto han sido;
que el vencedor más honrado
se alegra viendo a su lado
las armas con que ha vencido.
    Gozoso podéis mirarlas;
que vuestras armas son éstas.

Niño   Armas que yo traje a cuestas,
                        claro está que he de estimarlas.

Teresa   De las higas, me temía
                        cómo podéroslas dar;
                        pero ya no hay que dudar,
                        que os vienen bien este día.
                            Tomad mil higas, mi Esposo;
                        que en nadie mi dulce amor
                        las puede emplear mejor
                        que en un Niño tan hermoso.

Remírome en vuestras luces,
y tan gozosa me veo,
que daros, Niño, deseo
tantas higas como cruces.
   Mis ojos no os hagan mal;
tomad, aunque es indecencia;
que en ser higas de obediencia,
valen más que de cristal.
   Bello Infante soberano,
higas y cruces os doy,
porque tengáis desde hoy
estos dijes de mi mano.
   Guardadlos, mi Niño bello;
ved que no pasa de raya
que un Niño por dijes traiga
cruces e higas al cuello.

Niño   En mucho estimo el amor
que tu pecho me ha mostrado,
y como amante obligado
te quiero dar un favor.

Teresa   Indigna soy.

Niño   Bien supiste...

Teresa   Mi Niño, súpeos amar.

Niño   Una cruz te quiero dar
por las muchas que me diste;
   toma.

Teresa   En mucho la tendré;
colgaréla del rosario;

será cruz de relicario
en el templo de mi fe.
       ¡Qué piedras tiene tan bellas!

Niño   Todas son finos diamantes.

Teresa   Son piedras tan relumbrantes
            que me parecen estrellas;
               y es cuerdo mi parecer,
            Señor, pues me las dais vos;
            que los diamantes de Dios
            estrellas deben de ser.

Niño   Segundo favor te haré.

Teresa   ¿En la fundación, mi Esposo?

Niño   Yo soy todopoderoso,
            y cuanto pudiere haré.

(Tocan chirimías; desaparecen el Niño, San Pedro y San Pablo, y cantan dentro
lo siguiente:)

               Aunque más contrarios veas,
            prosigue en Dios confiada;
            que presto verás fundada
            la religión que deseas.

Teresa   Absorta me quedo en calma
            con lo que de nuevo he visto,
            y al fin la gran piedra Cristo
            es piedra imán de mi alma.
               Como suele el buen halcón
            irse al cebo más llegando,

voy, y Dios me está llamando
con cebo del corazón.
    Vuelve el alma enamorada,
pero tiénenla oprimida
las pihuelas de la vida,
al tronco del cuerpo atada.
    La pasada gloria cesa,
y sin vos, Niño, he quedado
como quien rey se ha soñado,
y si despierta, le pesa.

(Salen la Abadesa, doña Juana y Petrona.)

Doña Juana   Hermana del alma mía,
                      ¿tan sola?

Teresa   Ya podéis ver.

Abadesa   La causa debe de ser
                      alguna melancolía.

Teresa   No es cierto.

Abadesa   Pues bien podéis
                      tenerla, y tendréis razón,
                      porque en vuestra fundación
                      un grande estorbo tenéis.
                          La casa que concertamos
                      para fundar el convento,
                      lo que a vuestro y a mí contento,
                      cual sabéis, aderezamos,
                          tiene las paredes tales,
                      que está ya para caerse.

Teresa   ¿Qué remedio ha de tenerse?

Doña Juana   No hay dinero ni oficiales.

(Cantan dentro.)

Teresa   ¿Escuchasteis la canción?

Doña Juana   ¿Qué canción?

Abadesa   Que pierde el seso.

Doña Juana   Sin duda debe ser eso
                          con aquesta fundación.

Teresa   Solo ha llegado a mi oído:
                          nuestra casa reparemos.

Doña Juana   En el suelo la hallaremos.

Teresa   Yo sé que no se ha caído.
                              Las paredes malparadas
                          tratemos de reparar;
                          que Dios nos ha de amparar
                          aunque estén mal reparadas.

Doña Juana   Ya no hay reparo que hacer,
                          que pasa el daño de ahí;
                          más mal hay...

Teresa   ¡Pobre de mí!
                          ¿Qué mal mayor puede haber?

Doña Juana   Mayor, y la causa soy.

Teresa   ¿Vos la causa?

Doña Juana   Yo, sin duda.

Teresa   Hermana, si Dios me ayuda,
                        de buena ventura soy;
                            pero, con todo, me admiro.

Doña Juana   Toda la revelación
                        ha sido en esta ocasión
                        porque me ama don Ramiro,
                            el mismo que despreciaste,
                        y don Diego.

Teresa   Por mi fe...

Doña Juana   Los amantes heredé
                        cuando en religión entraste;
                            los dos, que son regidores,
                        levantan este rumor,
                        envidiosos del favor
                        que doy...

Teresa   ¿A quién das favores?

Doña Juana   A Juan del Valle, que al fin
                        éste ha de ser mi marido,
                        que como tal le he escogido;
                        éste es el principio y fin.
                            El Consistorio, indignado,
                        estorba la fundación,
                        y con esta pretensión
                        al Obispo se ha quejado.

Dice que no es buen intento
que mujeres mendicantes
quieran vivir observantes
dentro de un pobre convento.
    Que la limosna faltando,
de su clausura saldrán,
y que de fuera andarán
por las calles mendigando.
    Dice que el peligro es mucho
si mendiga una mujer,
y más de buen parecer.

Teresa

Mi Cristo, ¿qué es lo que escucho?

Doña Juana

    Aunque es bien fiar de Dios,
la pobreza es ya sabida,
la casa toda caída
y la ciudad contra vos.

(Cantan otra vez.)

Teresa

    ¿Habéis, por ventura, oído
las dulces voces que yo?

Abadesa

Que no hay voces.

Teresa

                    ¿Cómo no?
Preguntadlo a mi sentido.

Abadesa

    Yo pienso que os le ha quitado
la fundación que intentáis:
sosegaos.

Teresa

                Bien lo miráis.

| Abadesa | Muestra de ello me habéis dado. |

| Doña Juana | Tratad lo que más convenga
y múdese de intención. |

| Teresa | Saldré con mi fundación
aunque más contrarios tenga. |

| Doña Juana | A mi hermana seguiré. |

| Petrona | Yo también sus pasos sigo,
¡Madre mía! |

| Teresa | Ven conmigo. |

| Petrona | De mil amores iré. |

| Abadesa | Guárdete Dios el juicio. |

| Petrona | Temo, si es que huya,
una disciplina suya
más que un año de silicio. |

(Vanse; salen dos demonios con palancas y azadones.)

| Demonio | Astarot, caiga en el suelo
la casa de esta mujer;
date priesa, que recelo
que a mi pesar ha de ser
recámara de su cielo. |

| Astarot | Buen fin tendrá nuestro intento. |

Demonio	Si quedase en pie el convento,
	aquí se han de registrar
	las piedras que han de ilustrar
	los tronos del firmamento.
	Mil recoletas doncellas
	temo que aquí Dios tendrá,
	y Serán luces tan bellas,
	que al cielo se las dará
	por mejorarle de estrellas.

Demonio
    Si quedase en pie el convento,
aquí se han de registrar
las piedras que han de ilustrar
los tronos del firmamento.
    Mil recoletas doncellas
temo que aquí Dios tendrá,
y Serán luces tan bellas,
que al cielo se las dará
por mejorarle de estrellas.

Astarot
    Pica, no te escandalices,
derriba y no profetices.

Demonio
Mucho, tenemos que hacer.

Astarot
Ya comienzo yo a temer
por ser ansí lo que dices.

(Salen Teresa, doña Juana, Petrona, y ángeles en figuras de oficiales.)

Teresa
    Al nuevo templo lleguemos;
cuidado, mis oficiales.

Joseph
Confía que le tendremos.

Teresa
Dentro están buenos puntales;
venid, todos trabajemos.

Demonio
    Esfuerzo mi hermana cobra

Doña Juana
Astarot, vamos de aquí..

Astarot
¿Qué temes?

Demonio   ¡Pesar de mí!
         Que hay nueva gente en la obra.

Astarot   ¿Quién, Luzbel, te hace temer?

Demonio   Un obrero que hay de nuevo.

Astarot   ¿Quién tiene tanto poder?

Demonio   Pues yo con él no me atrevo,
         mira qué tal puede ser.
             Recogidos cortesanos
         del cielo a trabajar vienen;
         mis intentos salen vanos,
         pues a hacer la iglesia vienen
         los obreros soberanos.
             Del cielo deben de ser;
         hoy con mis trazas concluyo;
         mucho tengo que temer.

Astarot   Ya no podemos hacer
         nada; Luzbel, huye.

Demonio   Huyo.

(Vanse; sale don Diego.)

Don Diego   Guárdeos el cielo, señora,
         de cuyas rojas colores
         se afrenta la clara aurora
         cuando, matiza de flores
         las esmeraldas de Flora.
             Yo, prima, te he de servir
         hoy, en no contradecir

la fundación que deseas;
mi intento quiero que veas,
que mi amor puede decir.
        Soy, cual sabes, regidor,
y mándame la ciudad
que proceda con rigor.

Doña Juana   Aquí está mi hermana, entrad;
vuestro oficio haced, señor;
        haced la contradicción
y estorbad la fundación,
pues no la tenéis por buena.

Don Diego   No quiero yo darte pena,
que estás en mi corazón;
        pues ver tus ojos merezco,
por hoy no contradiré;
prima, a servirte me ofrezco,
porque sepas de mi fe
que en tu servicio padezco.

Doña Juana   La merced, señor, estimo.

Don Diego   Siempre en servirte me animo.

Doña Juana   Ya sé que sois muy cortés.

Don Diego   Esta, vuestra hermana es.
Adiós, señora.

Doña Juana   Adiós, primo.

(Vase don Diego; sale Teresa con una espuerta de tierra.)

Teresa   Dejemos la iglesia llana.

Doña Juana   Qué, ¿también trabajáis vos?

Teresa   Es de Dios la casa, hermana,
                        y como es casa de Dios,
                        trabajo de buena gana.

Doña Juana   Por hoy no os estorbarán,
                        que ya dicho me lo han.

Teresa   ¿Quién, hermana?

Doña Juana   ¿Quién? Don Diego.

Teresa   ¿Aquí?

Doña Juana   Sí; tened sosiego,
                        que ya no os contradirán.

Teresa   Mil gracias al cielo doy.

Doña Juana   Hermana, confusa estoy.

Teresa   ¿De qué?

Doña Juana   De que han de faltar
                        dineros para pagar
                        los jornaleros de hoy.

Teresa   En eso bien me acomodo.

Doña Juana   Pues decidme, ¿de qué modo
                        pensáis de pagallos vos?

| Teresa | La casa, hermana, es de Dios,
que es el proveedor de todo. |

(Sale Petrona con una espuerta de cal.)

| Petrona | Socorro, madre y señora,
que con la carga caí. |

| Teresa | ¡Pobre de mí, pecadora!
Y ¿siente algún daño? |

| Petrona | Sí,
de nuevo me siento agora. |

| Teresa | A nuestro oficio volvamos. |

| Petrona | Madre, la iglesia limpiemos. |

| Teresa | Hija, ven, alegres vamos;
que es bien que nos alegremos,
pues hoy por Dios trabajamos. |

(Vanse todos; queda doña Juana y sale Valle.)

| Doña Juana | Por cierto, grande fervor
lleváis con divino amor
que en Dios, hermana, tenéis. |

| Valle | ¡Ojos, sin duda el Sol veis,
pues os ciega el resplandor!
¡Mi señora doña Juana! |

| Doña Juana | ¡Oh, mi señor Juan del Valle! |

Valle

El alma os contempla ufana,
que es el aire de ese talle
céfiro de esta mañana:
    llegó el alma calurosa,
pensativa y congojosa;
pero el aire que he sentido
refresca el alma, encendido,
como el de la aurora hermosa.

Doña Juana

    ¡Qué bien lo sabéis decir!

Valle

Mi palabra, vida, os doy,
que lo sé mejor sentir.

Doña Juana

¿No sabéis que vuestra soy?

Valle

Sé que os tengo de servir.

Doña Juana

    Si gustáis de mi contento,
no me habléis de cumplimiento.

Valle

Señora, si he de hablar claro,
las palabras que disparo
son balas del pensamiento.

Doña Juana

    Y balas con que abrasáis
mis sentidos abrasados.

Valle

Bien, mi señora, os vengáis,
pues con los ojos rasgados,
todo el pecho me rasgáis:
    vengaos, doña Juana, de él;
sed con mi pecho cruel;

pero, sin duda el rigor
se convertirá en amor
cuando os halléis dentro de él.

Doña Juana   Siendo, señor, eso ansí,
fuerza es mirar por los dos,
que según he visto aquí,
piadosa he de ser con vos,
por no serme cruel a mí.
          ¿Queréis con mi hermana hablar?

Valle   Y claro lo he de tratar;
y pues el sí me habéis dado,
lo tengo más negociado.

Doña Juana   Con todo, hay que negociar,
          porque de mi voluntad
mi hermana ha de disponer;
ya sale; habladla, y mirad
que os habrá menester
en cierta necesidad.

(Sale Teresa con una espuerta de tierra.)

Valle   Suyo, como vuestro, soy.
¿Queréis ayuda?

Teresa   Ya hoy
poco menester será,
que se acaba la obra ya,
de que al cielo gracias doy.

Doña Juana   Decid, pesar de mis males,
¿de dónde se han de pagar,

si acaban, los oficiales?

Teresa   Dineros no han de faltar.

Valle   Yo traigo quinientos reales.

Teresa   A buen tiempo habéis venido.

Valle   Bueno, pues os he servido.

Teresa   Habláis como hermano, al fin.

Valle   Siempre he llevado ese fin.

Teresa   Ya os tengo bien conocido.

Valle   ¿Sabéis de qué hemos tratado?

Teresa   Ya sé, de mi hermana..............,
y le tengo confirmado................

Valle   Sin duda hay intento.................
pues vos le habéis aprobado.

(Sale Petrona.)

Petrona   Ya la casa está acabada,
tan firme y tan bien obrada,
que pone contento el vella.

Teresa   Dios pienso que anduvo en ella,
pues queda tan bien labrada.

Valle   Dineros ofrecí yo;

tomad, pagadlos enteros.

Teresa

Ved si Dios le descargó,
pues me envía los dineros
cuando la obra se acabó.
    Dios vale al que en Él espera;
debo manos y madera.

Valle

Aquí están quinientos reales.

Teresa

¿No salen los oficiales?

Petrona

Ya van saliendo acá fuera.

(Salen los ángeles con azadones y espuertas.)

Ángeles

En el templo de este suelo,
donde ha de ser Dios servido,
razón es hayan venido
los oficiales del cielo.

(Vanse los ángeles.)

Teresa

Vuestro, dinero ha sobrado

Valle

Ya, madre, lo habemos visto.

Teresa

¿Veis, hermano, cómo Cristo
los obreros me ha pagado?

Valle

Supuesto que está de Dios
este negocio, querría,
madre, que hoy en este día
dichoso fin nos deis vos.

Teresa   Yo digo que se haga hoy,
          pues gusta de ello mi hermana.

Valle   ¡Vuestro soy, mi doña Juana!

Doña Juana   ¡Yo, mi señor, vuestra soy!

(Sale don Diego.)

Don Diego   ¿Qué es lo que mis ojos ven?
          ¿Qué lo que amor hoy me muestra?
          ¿Yo soy vuestro? ¿Yo soy vuestra?
          ¿Y que las manos se den?
           ¿Es menester un padrino
          para el nuevo casamiento?

Don Juan   ¡Primo!

Don Diego   ¡Extraño pensamiento!

Doña Juana   Algún peligro imagino.

Don Diego   Fuera bien que yo supiera
          que en aquesto se tratara,
          y que presente me hallara
          cuando el concierto se hiciera.
           En buena razón me fundo,
          que, bien mirado, al presente
          no soy tan poco pariente,
          que no soy primo segundo.
           Pero, mujeres al fin,
          aunque a sus deudos enojan,
          siempre al principio se arrojan,

escogiendo lo más ruin.
   Según veo, tenéis talle
de haber el negocio errado,
que por mujeres tratado,
fuera milagro acertalle.

Valle
   Ya es mucha desenvoltura;
no os arrojéis tanto.

Don Diego
          ¡Ah, cielos!
Corre temporal de celos,
y anégase mi cordura,
   y de vos me quejo ansí,
pues fuera mucha razón
que de vuestra pretensión
me diérades parte a mí;
   pero anduvisteis con arte
en negociar de ese modo,
que quizá os negara el todo
si de ello me dierais parte.

Valle
   De la gloria que me espera,
y que solo he de gozar,
si parte no quise dar,
es porque la quiero entera.
   Del caso estoy enterado,
y tengo bien conocido,
que trato doblado ha sido
el que vendéis por honrado.

Don Diego
   ¡Vos sois un mal caballero!

Valle
   ¡Vos mentís!

Don Diego   Cerrad el labio;
que es bien que a quien toca agravio,
hable con lenguas de acero.

Teresa   Abajad la diferencia,
mi Dios; atajad su fuego;
de parte de Dios os ruego
que cese aquí la pendencia.

Don Diego   ¿Qué es esto?

Valle   Yo, madre amada,
ya envaino.

Don Diego   Mi furia crece.
pero el brazo se entorpece;
no puedo mandar la espada.

(Vanse Valle, Teresa y doña Juana.)

                        ¿Fuése mi enemigo? ¡Rabio!
Quiero, y no puedo matalle;
pero bien podré alcanzalle
con las alas de mi agravio.
    ¿Fuése al fin? ¿Qué es esto, cielos?
Mas podré en esta ocasión
abrasarle el corazón
con los rayos de mis celos.
    En vano el alma se esfuerza.

Petrona   Señor don Diego, escuchad:
negocios de voluntad,
no los queráis de por fuerza.
    La naranja y la mujer,

lo que ellas quisieren dar,
porque en llegando a apretar,
amargo el fruto ha de ser.

Fin de la segunda jornada

Jornada tercera

(Salen Valle, Teresa de Jesús y Petrona.)

Valle   Esta es la fértil vega deleitosa
do se cifra la ciencia y mi sosiego:
la insigne Salamanca suntuosa.
    Esta es la fundación del fuerte Griego,
que vertió el Paladión preñado de ira:
convirtió el edificio en vivo fuego.
    Este es el muro que al Trajano admira,
poniendo al cuarto cielo las escalas,
que temeroso, al parecer, las mira.
    Parece que las torres tienen alas,
y que Febo se humilla, disparando
piedras zafiros en lugar de balas.
    La más bella ciudad estás mirando,
que el gallardo Pintor del cielo hermoso
repasa, todo el orbe iluminando.
    Ya con su luz el Tormes caudaloso
las flores mira que guarnece atento
con blando curso de cristal ondoso.
    Este es de Salamanca el firme asiento,
pozo de ciencia, fuente milagrosa,
que trae del cielo empíreo el firmamento.
    Es madre general tan generosa,
que mil extraños hijos autoriza,
dotándolos de ciencia y renta honrosa.
    Es ameno jardín, que solemniza
la provincia del mundo más extraña,
cuya planta Minerva fertiliza.
    La gran ciudad del mundo en nuestra España,
que parece se miran las almenas
en el ameno Tormes que las baña.

Mirando con desprecio a las de Atenas,
con más valor y ciencia enriquecidas
que el ancho mar de plata vierte arenas.
  Aquí vuestras Descalzas recogidas
estrellas, son que Dios mismo atesora
para honrar sus esferas guarnecidas.
  Aquí, pues, ¡oh, mi madre fundadora!
vinisteis, para ser divino aumento
del soberano Elías, clara aurora.

Teresa
  En Ávila fundé el primer convento,
que es la primera piedra en que me fundo,
porque fue mi primero fundamento.
  En Medina del Campo fue el segundo,
en Malagón fundé luego el tercero,
y el cuarto en la mejor villa del mundo,
  que es en Valladolid, del cual espero
que al cielo han de ofrecer mis luces bellas,
causando envidia a su mayor lucero.
  La quinta fundación, y mejor de ellas,
hice en Toledo, cuyas torres altas
quieren ganar al cielo las estrellas.
  La sexta fue en Pastrana, adonde esmaltas,
¡gran Dios!, de caridad las mis hijuelas,
ricas de amor y de riquezas faltas.
  Aquí, donde florecen las escuelas,
la séptima fundé, en que me recreo,
a pesar del demonio y sus cautelas.
  La octava en Alba, junto al Tormes veo,
y en la ilustre Segovia la novena,
y fue para mi Dios un grande empleo.
  En la villa de Zea la decena,
y la oncena fue allá en Sevilla,
que está de santidad y gloria llena.

La duodécima fue en la ilustre villa
de Caravaca, y Orden de Santiago,
que pone cruz en Pecho a maravilla.

La trecena, primera que a Dios pago,
en Villanueva de la Jara ha sido,
donde pasé de penas más de un trago.

La cuatorcena fue, si no me olvido,
dentro en Palencia; la quincena en Soria,
de mi virgen ganado sacro ejido.

De la décimasexta haya memoria,
que en Granada fundé, dando a mi Cristo
mil nuevas gracias de su nueva gloria.

La postrer fundación que hasta hoy he visto,
en Burgos fue, donde las hijas mías,
rasgando el pecho están con amor listo.

Diez y siete de monjas, en mis días,
y diez de frailes, hemos ya jurado
la santa Regla del profeta Elías.

Valle

El cielo, madre, premie tu cuidado,
pues que con tus conventos de Descalzas
se mira ya hermoso y estrellado.

El sacro nombre de tu Dios ensalzas,
y como al cielo tu fervor le sigue,
por entrar con silencio te descalzas.

Teresa

Quiere Dios que el trabajo se mitigue
pasado en su servicio caminando,
a quien de nuevo es bien el alma obligue.

Valle

En Alba doña Juana está esperando
vuestra presencia, a quien hoy os recibe,
como el agua de mayo deseando.

Con don Gonzalo entretenida vive,

sobrino vuestro, su hijo y mi regalo,
de cuyas gracias suma plana escribe.
      También me dice que le tiene malo.

Teresa   Dios sabe, hermano, en todo lo que ordena.

Valle   Rogadle por mi niño don Gonzalo;
                    si el cielo de su vida me enajena,
                  peligro corre, Madre, mi juicio.

Teresa   Dios le dará salud, no tengáis pena.
                    En Alba, ya de hoy más, será mi oficio
                  hacer de mis pecados penitencia.

Petrona   No faltarán azotes y galeras.

Teresa   Paciencia, hermana.

Petrona   Madre mía, paciencia;
                  con siete misas y una disciplina
                  suele desayunarse la conciencia.
                  ¡Mirad qué dos pechugas de gallina!
                    ¡De qué pernil! ¡Qué lampreadas lonjas
                  para cuitar al sueño la mohína!
                  No somos las de acá como otras monjas,
                    que solo con azotes nos pasamos.
                  ¡Ved qué cidras en miel! ¡Oh, qué toronjas!

Teresa   Decid, hermano, ¿cuándo en Alba entramos?

Valle   En Alba alcanzaremos hoy el día,
                  aunque a las dos y aún a las tres; salgamos.

Teresa   ¿Tan corta es la jornada?

Valle   Hermana mía,
son tres leguas pequeñas.

Teresa   ¿Qué se espera?
Oigamos misa, que partir querría.

Petrona   Reniego de la alforja y la collera.

Teresa   ¿Qué tienes?

Petrona   Que me ahogo.

Teresa   Pues, ¿qué ha sido?

Petrona   Corte.

Teresa   ¿Qué he de cortar?

Petrona   ¿Quiere que muera?
El cordel de la alforja está escondido.

Teresa   Sosiégate.

Petrona   No hay sosiego agora.

Teresa   Ya se cortó el cordel, calla.

Petrona   Eso pido.

Teresa   ¡Jesús me valga!

Valle   ¿Qué sentís, señora?

| Teresa | Por cortar el cordel, me corté un dedo. |

| Petrona | ¡Ay de mí, desdichada pecadora!
    Mucha es la sangre. |

| Teresa | Y mucho vuestro miedo. |

| Valle | Un pañuelo le atemos. |

| Teresa | Llegue, hermano;
ate la herida, porque yo no puedo. |

| Valle | Yo tengo lienzo; dadme vuestra mano. |

| Teresa | No le manchéis, que es lástima ensuciarle. |

| Valle | El lienzo gana, y yo en rompelle gano. |

| Teresa | ¿Qué hacéis, señor? |

| Valle | ¿Qué puedo hacer? Rasgarle;
con el medio ataré la abierta herida,
y el medio por reliquia he de guardarle. |

| Teresa | ¿Burláis de mí? |

| Valle | Sacárame la vida. |

| Teresa | Soy muy perversa pecadora y mala. |

| Valle | Ya por quien sois estáis bien conocida. |

(Salen don Diego y Leonido vestidos de villanos, con pistoletes.)

Don Diego	Este es quien me afrentó.

Leonido
                     Pon bien la cala,
por que no yerres bien el diestro tiro;
sobre seis perdigones, una bala.

Don Diego
    Bien hecha está la carga.

Leonido
                     Ya me admiro:
pásale el pecho, y sea de manera,
que solo un ¡ay! pronuncie y dé un suspiro.

Don Diego
   ¡Viva mi honor, y mi enemigo muera!

Teresa
¡Mi buen Jesús, valedle!

Valle
              ¡Ay, Dios!

Petrona
                    ¡Ay, triste,
que han muerto a Juan del Valle!

Teresa
                  Hermana, espera.

Petrona
   ¿Qué he de esperar, si he visto lo que viste?

Teresa
Mírale el pecho bien.

Valle
             Dios me ha guardado.

Don Diego
¡Bien le apunté!

Leonido
        ¡Gallardo tiro hiciste!

Valle
   Solo de la ropilla me ha pasado,

porque a la sangre de este medio paño,
perdigones y bala han respetado.

Teresa   Obra es de Dios.

Petrona   Lloré por cierto el daño.

Valle   Una es la bala, y seis los perdigones.

Leonido   ¿Qué dices de esto?

Don Diego   Que es milagro extraño.

Leonido   Libróle Dios de tus persecuciones.

Don Diego   Por que el pecho se os quiete,
nueva amistad os prometo,
que no es bien que os inquiete,
pues hoy os tuyo respeto
la bala de un pistolete.
    De vos estaba ofendido,
y con disfraz de vestido,
ciego en la ofensa de Dios,
los pelos buscaba en vos
del perro que me ha mordido.
    Pero este intento deshace
el nuevo que agora sigo;
hoy nuestra amistad se trace;
que yo no quiero enemigo
por quien Dios milagros hace.
    Ya la venganza destierro,
y la plana al odio encierro,
y ejemplo en la bala tomo,
pues cuando os conoce el plomo,

vengo a conocer el yerro.
　　Perdonadme.

Valle
　　　　　　Bien se entiende
que Dios, en quien yo confío,
calificarnos pretende,
pues hoy con un plomo frío,
de nuevo el alma se enciende.

Don Diego
　　Pues tan encendido estoy,
que propongo desde hoy
ser fraile.

Teresa
　　　　　Glorioso intento:
¿sabéis que fundo convento?

Don Diego
Sé que vuestro fraile soy,
y vuestro amigo, señor.

Valle
Nuevo milagro éste ha sido,
pues el odio y el rigor
tan presto se han convertido
en amistad y en amor.

Teresa
　　Las gracias a Dios las dad
de vuestra nueva amistad.

Valle
　Y a vuestra...

Teresa
　　　　　　No me afrentéis.

Valle
Iba a decir santidad,
pero atajado me habéis.

Teresa   No me tratéis de esa suerte.

Valle   Hoy me ha librado de muerte
este peto que formasteis;
con la sangre le templasteis,
porque saliese más fuerte.
    Pero ha sido bien fiel,
hermana, este medio lienzo,
pues la bala paró en él.

Teresa   Dejemos eso.

Valle   Hoy comienzo,
sin duda, a vivir por él.
    La bala, a hacer su hecho,
parece en este antepecho;
aunque sedienta llegó,
como vuestra sangre halló,
no quiso la de mi pecho.
    Y fue discreta la bala
en excusarme, de pena;
que si en sangre se regala,
la de vuestro dedo es buena,
y la de mi pecho es mala.
    No quiso el plomo este día
la caliente sangre mía:
la vuestra le dio contento,
que como llegó sediento,
buscó la bebida fría.
    El milagro, dibujado
en este lienzo se halla,
que es, aunque lienzo pintado,
lienzo también de muralla,
pues de un tiro me ha librado:

volverle quiero a mi pecho.

Don Diego

Jaco será de provecho.

Valle

Con vos, lienzo, iré seguro;
que ya, cual lienzo de muro,
me serviréis de antepecho.

Don Diego

Decidme dónde he de ser
fraile, que por vuestra mano
quiero la casa escoger.

Teresa

Con el retor fray Mariano,
don Diego, os habéis de ver.
En Maqueda, primo, está,
que es el convento primero
de mis Descalzos.

Don Diego

Y espero
que para mi bien será.

Teresa

Dado me habéis gran contento,
porque sois la piedra vos
de mi primero convento,
y piedra que labra Dios
para piedra del cimiento.

Don Diego

Disponga el Eterno Padre
lo que a mi corazón cuadre.

Teresa

Ansí lo habéis de pedir.

Don Diego

Luego me quiero partir.

Teresa   Adiós, hijo.

Don Diego   Adiós, mi madre.
                          De vos espero el perdón.

Valle   Yo le concedo y le pido
                          de la pasada cuestión.

Don Diego   Yo solo el culpado he sido.

Valle   Yo solo di la ocasión.

Leonido   Seguirle hasta el fin conviene.

(Vanse don Diego y Leonido.)

Valle   El nuevo ejemplo que tiene
                          me ha dejado puesto en calma.

Teresa   Si Dios le ha tocado el alma,
                          cual a piedra imán se viene.

Petrona   Un cilicio me ha mandado
                          el hermano fray Tardón;
                          ¿quiere envialle un recado?

Teresa   Dios reciba la intención,
                          y baste el que yo le he dado.

Petrona   ¡Madre!

Teresa   Tenga más juicio.

Petrona   Que traiga dos me conceda:

no cercene mi ejercicio;
que no es seda sobre seda,
cilicio sobre cilicio.

Teresa   De pláticas excusemos;
entrar en Alba hoy querría:
venid luego, en misa entremos.

Valle   Con más de una hora de día,
en Alba, madre, entraremos.

Teresa   Veré las mis hermanitas,
las mis monjas descalcitas,
honra del monte Carmelo,
que puede ilustrar el cielo
con sus luces carmelitas.

Valle   Velas el cielo tan bellas,
que a las suyas las trocara;
pero el
convento sin ellas, luego a engaño
se llamara, y pidiera sus estrellas.
La misa quiere salir.

Petrona   Largos serán los oficios.

Valle   Luego podemos partir.

Petrona   Que me quiten los cilicios,
no es vida para sufrir.

(Vanse; salen doña Juana, con un niño en brazos, y don Juan, su hermano.)

Don Juan   De verte llorar me aflijo.

Doña Juana   No hay llanto que no me cuadre,
                pues aguardo un vivo padre
                con nuevas de un muerto hijo.
                   Ya se acabó mi regalo
                y mi ventura también;
                ya no espero tener bien,
                pues me faltáis vos, Gonzalo.
                   La muerte, niño, os llevó:
                ¡ay, mi Dios! Sin vos, ¿qué haré?
                ¿Qué cuenta de vos daré
                al padre que os me encargó?

Don Juan   Hermana, ten más sentido.

Doña Juana   Siempre hay llanto donde hay muerte.

Don Juan   Que llegan ya cerca, advierte,
                nuestra hermana y tu marido.

Doña Juana   Mirad, niño, el caso atroz;
                recibid mi nuevo aliento,
                porque en este sentimiento
                me consuele vuestra voz.
                   Ángel que estáis en el cielo,
                de guarda podéis ya ser;
                ea, venidme a valer,
                que es mucho mi desconsuelo.
                   Aunque haga su justo oficio
                el Ángel bueno de Dios,
                pienso que he menester dos
                que me guarden el juicio.

Don Juan   Ya tu llanto es infinito,

aunque la causa le abona.

Doña Juana   Lloraré como leona
por ver si le resucito.
   Niño, consuelo, regalo,
vida, ángel o león,
doleos de mi pasión;
respondedme, don Gonzalo.
   Mis lágrimas remediad;
que los ángeles cual vos,
por solo imitar a Dios,
suelen tener caridad.
   Tenedla conmigo aquí.
pues afligida me halláis,
y pues ya con Dios priváis,
pedidle algo para mí.
   Don Gonzalo, consoladme;
mas iay de mí! que recelo
que por no dejar el cielo
dejaréis de consolarme.

Don Juan   El niño me he de llevar
antes que pase adelante.

Doña Juana   Sangre lloró mi diamante;
bien os podéis ablandar.

Don Juan   Mi traza este medio ordena.

Doña Juana   ¡Traidor!

Don Juan   Perdonad, señora;
que la causa quito ahora
por ver si quito la pena.

(Lleva don Juan el niño.)

Doña Juana   Déjame el hijo, traidor;
                      déjame con mis cuidados;
                      que te comeré a bocados
                      cual la tigre al cazador.
                          Oye, aguarda, mira, espera;
                      vuelve. dame el niño, acaba,
                      que muerto me consolaba;
                      mira vivo lo que hiciera.

(Salen Valle, Teresa y Petrona.)

Valle   Ya, señora, en Alba estáis,
                      y en mi casa hoy hospedada.

Teresa   Por cierto, mucho me agrada
                      esta villa.

Valle   Vos la honráis.

Doña Juana   Con mi cordero se aleja;
                      vuelve a mis manos el robo;
                      mas ¡ay! que no siente el lobo
                      los balidos de la oveja.

Teresa   ¡Hermana!

Valle   ¡Bien de mi vida!
                      ¿Qué voces, decid, son éstas?

Doña Juana   Las mesas tengo ya puestas,
                      y la cena prevenida.

Quería disimular,
pero no puedo ni acierto.

Teresa

Sin duda Gonzalo es muerto,
mas Dios lo ha de remediar.

Valle

¿Qué llanto es éste, señora?
No sé, a fe, qué me decir,
sino que en vernos venir
lloráis de contento ahora.

Doña Juana

Río, viéndoos, de placer,
pero vuélvome a mirar
y luego vuelvo a llorar;
ved cuál me debo de ver.

Valle

Guardad esas perlas bellas,
no las vertáis en el suelo;
mirad que, sentido el cielo,
os pondrá pleito por ellas.
Cuando, según buena cuenta,
salgo de un golpe de enojos,
en la luz de vuestros ojos
hallo mayor la tormenta.
Mas ¿cómo ha puesto en olvido
el norte de mi regalo?
¿Dónde está mi don Gonzalo?
¿Cómo no me ha recibido?

Doña Juana

¡Vuestro hijo!...

Valle

¿Qué ha pasado?

Doña Juana

No preguntéis más, señor.

Valle

Ya me dice mi dolor
que el cielo me le ha quitado.
    Ya sé que el niño murió;
que en esta respuesta incierta
vive la sospecha cierta
que el alma me adivinó.

(Sale Lebrija.)

Lebrija

    Tres horas debe de haber
que expiró el ángel hermoso.

Valle

Trago me dais muy penoso,
pero al fin se ha de beber.
    ¿Dónde el niño me tenéis?

Doña Juana

Señor, pedídselo a Dios.

Valle

Madre, pedídselo vos,
pues tanto con Él podéis.

Teresa

    Algún desmayo será;
trae el niño con cuidado.

Lebrija

Yo traeré su cuerpo helado;
que el alma en el cielo está.

Doña Juana

    Hoy su muerte el cielo ordena,
aunque el seso pierda aquí;
estoy quejosa de mí
porque no he muerto de pena.

Teresa

    Digo que el niño no es muerto.

Doña Juana   En mis brazos expiró.

Teresa   Creed lo que os digo yo.

Doña Juana   Lo que vi tengo por cierto.

Teresa   Pues aunque visto le habéis,
lo que yo os digo creed;
buena esperanza tened;
fiad en Dios, no lloréis.

(Sacan el niño Lebrija y don Juan.)

Don Juan   Este es el ángel del cielo.

Teresa   ¡Don Juan!

Don Juan   Hermana, tomad.

Valle   Por su vida a Dios rogad.

Lebrija   Muerto está como mi abuelo.

Teresa   Viva este niño, mi Dios;
mi fe vuestro pecho abra;
ved que he dado mi palabra
para que la cumpláis vos.
    Cumplid, aunque es fuerte cosa,
esta palabra que he dado;
que el esposo está obligado
a cumplir la de la esposa.
    ¿No me habláis, niño querido?

Niño   ¡Madre, tía! Sí hablaré.

Teresa   ¿Veis como desmayo fue?

Valle   Bien se ha visto lo que ha sido.

Doña Juana   ¡Mi niño, mi bien, mi estrella!

Valle   ¡Regalo del alma mía!

Niño   Dejadme hablar a mi tía;
                que tengo una queja de ella:
                  muy quejoso estoy de vos.

Teresa   ¿Por qué?

Niño   Porque vuestro celo
                me quitó el subir al cielo,
                donde gozara de Dios.
                  ¿Tengo razón?

Teresa   Sí tenéis;
                mas fundéme en caridad.

Niño   El bien que perdí notad,
                pues en Dios visto le habéis.

Valle   Los ángeles de gran celo,
                almas suelen dar a Dios,
                y obligáisle, madre, vos
                con sacárselos del cielo.
                  Nuevo modo de obligar.

Teresa   Las gracias a Dios se den.

Valle	Pues hoy por vos me hace bien, también os las quiero dar. Vuestra pena es bien se ataje, pues hoy nuestra madre amada, antes de ser hospedada, tan bien paga el hospedaje.
Doña Juana	Mi hermana, mucho os cansamos y es razón que os regalemos; venid, en mi cuarto entremos, descansaréis.
Valle	Madre, vamos.
Teresa	Eso no he de consentir.
Valle	Aquí os tengo de hospedar.
Teresa	No me lo habéis de mandar; que en mi casa he de dormir. Vengo mala, y no querría curarme fuera de casa.
Doña Juana	El corazón me traspasa.
Valle	Quedaos por hoy, madre mía. Mirad...
Teresa	Dadme este contento.
Valle	Por dárosle, mucho haré.
Teresa	Este, señor, se me dé;

que me importa ir al convento.

Valle   Yo, madre, quiero ir con vos.

Teresa   Adiós, hermana.

Doña Juana   Adiós, madre.

Valle   Adiós, Gonzalo.

Niño   Adiós, padre.

Doña Juana   Adiós, mi bien.

Valle   Vida, adiós.

Doña Juana   Para algún viaje largo
parece que os despedís.

Valle   Si lo que os quiero advertís,
no me echaréis este cargo.
Luego vuelvo.

Doña Juana   Aquí os espero;
no se ahogue mi regocijo.

Niño   ¿No me habla, madre?

(Vanse Teresa y Valle.)

Doña Juana   ¡Hijo!,
daros cien mil besos quiero.
Cual hijo y cual ángel,
ya sois todo de mi consuelo.

Niño

Ya me hallaba yo en el cielo mucho
mejor que no acá.
     ¡Qué bien me pudiera holgar!

Doña Juana

Y ¿sin mí?

Niño

               Madre, sin vos;
que en llegando a ver a Dios,
ya no hay más que desear.

(Sale Petrona, de camino.)

Petrona

          ¿Dónde nuestra madre está?

Doña Juana

En su casa.

Petrona

               ¡Oh, mi señora!

Doña Juana

Seas venida en buen hora.

Petrona

Para servirte será.

Doña Juana

     ¿Vienes cansada?

Petrona

                         ¿De qué?

Doña Juana

¿Cuatro, leguas no has andado?

Petrona

Como ésas he caminado.

Doña Juana

¿A pie, hermana?

Petrona

                    Hermana, a pie.

Nadie a mi paso llegó.

Doña Juana   Digo que eres gran mujer.

Petrona   Una mula de alquiler
no camina como yo.
  Si lo que ando se regula,
en más de cuatro ciudades,
con una o dos falsedades,
pasara plaza de mula.

Doña Juana   Buen modo de entretener.

Petrona   En todo he dicho verdad.

Doña Juana   Mulas hay sin falsedad.

Petrona   Pues de ésas debo de ser.
  Cuando un camino importaba.
negociábalo volando,
y nuestra madre, burlando,
tragaleguas me llamaba.

Doña Juana   Sería, en mil ocasiones,
de importancia tu persona.

Petrona   Yo fui posta y postillona
de todas las fundaciones.
  Mil tierras hemos andado,
con aguas, nieve y vientos,
y diez y siete conventos,
hasta hoy, hemos fundado.
  Sabe Dios, que es nuestro Padre,
cuántos pasos me costaron

las casas que se fundaron
por orden de nuestra madre.
	Siete leguas sobre seis
de Sol a Sol caminaba,
y si a veces me picaba,
pasaba de diez y seis.
	Pasa de cosa ordinaria
lo que anduve, no te asombre,
que en Sevilla, por mal nombre,
soy la hermana Dromedaria.
	Este nombre me llamaban,
cuando en la calle me vían
los niños, que me seguían
y la cinta me besaban.

Doña Juana   Mucho me alegras.

Petrona   Señora,
tienen grande devoción
con la nueva religión
y con su gran fundadora.
	Por verla, vi algunos días
media ciudad convocada,
y después que entró en Granada,
la llaman hija de Elías.
	El nombre le viene a pelo,
pues que tiene edificado
el edificio asolado,
que es cimiento en el Carmelo.

(Salen Valle, don Juan y Lebrija.)

Valle   Ya vuestra hermana, señora,
queda en su casa.

Doña Juana   ¡Oh, mi bien!

Petrona   Señora, quiero también
                     irme a mi convento.

Doña Juana   Ahora
                     conmigo te has de quedar;
                     mira que estará cerrado.

Petrona   El discreto convidado
                     no se ha de hacer de rogar.
                        Digo que yo soy quedada.

Valle   Del nuevo gusto gocemos,
                     aunque aguado le tenemos,
                     pues falta mi madre amada.

Doña Juana   Venid, señor.

Valle   Vida, Vamos.

(Vanse; quedan Lebrija y Petrona.)

Lebrija   ¡Petronilla!

Petrona   Poco a poco:
                     ¿Petronilla? Viejo loco,
                     por cierto, de gracia estamos.
                        Ya el hábito, con la edad,
                     pide que habléis con decencia:
                     escuche Su Reverencia,
                     oiga Su Maternidad.
                        Paternidad por el padre,

al fraile el cielo llamó,
y a las monjas como yo.
Maternidad por la madre.
    Sabed que soy...

Lebrija   Ya es notorio:
figura de la piscina,
vicaria de la cocina,
y escoba del refitorio.

Petrona   Aquí, para entre los dos,
afrénteme el don mastín,
y cuanto hablé el viejo ruin,
sea por amor de Dios.

Lebrija   Ya vences al pasatiempo,
Urganda de la Escritura.

Petrona   Vamos, mi señor, figura
de las que descarta el tiempo.

(Vanse; sale Teresa con una cruz a cuestas.)

Teresa   La clara y blanca Luna se oscurece,
el Sol se eclipsa y pierde su luz pura,
la dura piedra se abre, que, aunque dura,
viendo morir a Cristo se enternece,
    el proceloso mar se altera y crece,
los vientos braman por la niebla oscura,
y el mismo cielo muestra ser criatura,
sintiendo el mal que su Criador padece.
    Luna, Sol, tierra, mar, vientos y cielo,
viendo cercado a Dios de inmensas penas,
lloran y sienten lo que yo he pecado:

yo me alegro llorando, y me consuelo
viendo que es mar la sangre de sus venas,
y mar donde se anega mi pecado.
    ¿Cómo, Dios, no he de seguiros
y en algún paso imitaros?
¿Cómo no han de conquistaros
los rayos de mis suspiros?
    Por imitaros en algo,
aunque sin fuerzas me siento,
por el claustro del convento
con la cruz a cuestas salgo.
    No hay peligro que me aflija
con este arrimo, este mármol,
que quien se arrima a buen árbol,
buena sombra le cobija.

(Arrodíllase.)   Jesús, cargada me veo;
pero con la cruz, mi Dios,
no sé qué fuera de vos,
si tardara el Cirineo.
    Yo le había menester,
que enferma y cansada estoy.

(Sale el Amor Divino con una corona de espinas en las manos.)

Amor   Yo tu Cirineo soy;
                ánimo, buena mujer.

Teresa   ¿Buena yo?

Amor   Buena te llamo.

Teresa   ¿Sabéislo vos?

Amor   Sí lo sé,

pues desde el cielo bajé
a la voz de tu reclamo.

Teresa   Ya os conozco, sacro halcón,
Divino Amor disfrazado,
que del cielo os he bajado
con cebo del corazón.
     Ya he visto en mil ocasiones.
mi divino Esposo justo,
que sois halcón en el gusto,
pues gustáis de corazones.

Amor   Buena ayuda tienes ya.

Teresa   Qué, ¿os veo?

Amor   Sí que me ves:
¿qué más pudo ver Moisés
en la cumbre de Siná?
     Déjame la cruz a mí,
pues de quien soy te doy luz.

Teresa   Tendré celos de la cruz
si la queréis más que a mí.
     Ya justamente recelo
que la cruz, y no mi amor,
de vuestro nuevo fervor
os bajó del cielo el suelo:
     toda no me la quitéis;
que si mi amor estimáis,
de aquello que más amáis,
es bien que parte me deis.

Amor   Esta es mi prenda querida.

Teresa   No me dejéis tan quejosa,
que entre el esposo y la esposa
no ha de haber cosa partida.

 Mas ya dejo esta querella;
hoy mi fe quiero mostraros,
y toda la cruz dejaros,
aunque me dejéis por ella.

 Llegad, divino Juez,
pues su amor tanto os obliga;
llegad presto, no se diga
que la teméis otra vez.

 Gran Señor, cuasi me espanto
que la cruz améis hermosa
porque no os fue tan gustosa
para que la queráis tanto.

 No sé qué decir, Señor,
de afición tan sin compás,
sino que se quieren más
los hijos de más dolor.

 Si es esto, razón tenéis,
que la cruz mucho os costó;
mas con todo, siento yo
que por ella me dejéis.

Amor   Pídeme celos, mi esposa,
dárete cien mil consuelos;
que son todos estos celos
rayos de tu fe amorosa.

Teresa   Señor, diéronme osadía
las alas de mi afición.

Amor   Los primeros celos son,

                    que huelen a cortesía.
                       La cruz llevemos los dos.

Teresa   No pide más el deseo,
                    pues me ayuda un Cirineo
                    mucho mejor que el de Dios.
                       Mas ¿dónde voy? Reparad
                    lo que advertí en este instante;
                    pasad, mi Amor, adelante;
                    vuestro lugar ocupad.

Amor   Bien vamos.

Teresa   No he de sufrir,
                    aunque vuestra fe me abona,
                    que vos lleváis la corona
                    y delante habéis de ir.

Amor   Pues ya mi lugar te he dado,
                    mi corona te he de dar.

Teresa   ¡Qué merced tan sin igual!
                    ¡Qué premio tan señalado!

Amor   Espinas tiene.

Teresa   Hoy, en mí,
                    no son sino clavellinas.

Amor   Las que en mí fueron espinas,
                    se vuelven rosas en ti.

Teresa   Segunda vez vuelvo a vellas,
                    y como, son tan hermosas,

pienso, mi Amor, que las rosas
se me han de volver estrellas.

Amor   Estrellas se han de volver,
Esposa, dentro en dos días,
que en mis altas jerarquías,
te las volveré a poner.

Teresa   Vuestra voluntad se haga;
que yo humilde sierva soy.

Amor   Estas flores que te doy
serán principio de paga.

Teresa   Aunque el demonio es sutil,
temerá en esta ocasión,
viendo que mis flores son
pimpollos de vuestro abril.
        Con todo, mi Amor, guardaldas.

Amor   Esposa, no tengas miedo,
camina, que atrás me quedo
por guardarte las espaldas.

(Vanse con la cruz a cuestas; salen fray Mariano y fray Diego, carmelitas.)

Mariano   Ya, fray Diego, en Alba estamos,
donde hoy descansar podremos
y a nuestra madre veremos,
que es lo que más deseamos.

Don Diego   Tráigola en el corazón.

Mariano   Por cierto, razón tenéis.

Don Diego	Pues, mi Padre, aún no sabéis la causa de esta afición.
Mariano	Que es, bien fundada os concedo.
Don Diego	Sacóme de un ciego abismo y libróme de mí mismo, que es lo que más decir puedo.
Mariano	Mala me escribió que estaba; que luego a verla viniese, y que conmigo os trajese porque veros deseaba.
Don Diego	¿Es de cuidado su mal?
Mariano	Pienso que es de muerte.
Don Diego	¡Ay, padre! ¿Tan mala está nuestra madre? No permita el cielo tal.
Mariano	Si llegó ya su ocasión, nacida es y ha de morir.
Don Diego	Solo en oírlo decir se me turba el corazón.

(Sale Petrona llorando.)

| Mariano | Hermana Petrona, ¿es esta
hermana? |

Petrona   Déjenme ahora;
que está nuestra fundadora
en las manos de Dios puesta.

Mariano   ¿Tan mala está?

Petrona   ¡Padre mío,
dicen que se está muriendo!

Don Diego   Yo, para mí, así lo entiendo;
pero, mi Cristo, en vos fío.

Mariano   ¿Dónde vas?

Petrona   Voyme a cansar,
pero mensajera soy;
médicos a llamar voy
que la acaben de matar.

Mariano   Espera, venos guiando
a su celda.

Don Diego   Bien será.

Petrona   Levantando, el pecho está,
con la muerte peleando.

(Salen Valle, don Juan y doña Juana.)

Valle   Llegad, señora, y veremos
a nuestra madre.

Don Juan   Llegad;
abra Su Paternidad,

las puertas romperemos.

Don Diego   Que no es entrar en convento
                       a seglares permitido.

Mariano   Mucho desorden ha sido.

Valle   Sí fue, pero buen intento.

Doña Juana   Esto es justo que miréis.

Mariano   Así lo entiendo, y pues puedo,
                       hoy os permito y concedo
                       que a ver nuestra madre, entréis.

Petrona   Llegad, si la queréis ver.

(Corren la cortina; está Teresa en una cama con un Cristo, y algunas monjas
alrededor.)

Don Diego   ¡Prima!

Don Juan   ¡Hermana!

Mariano   ¡Fundadora!

Teresa   Ya, padre, llegó mi hora;
                       fin que forzoso ha de ser;
                         a todos pido perdón;
                       ¿dáismele?

Mariano   Madre, sí damos,
                       y todos juntos rogamos
                       que nos deis la bendición.

Teresa   La de Dios con todos sea,
                  y en este punto conmigo,
                  mi Cristo, mirad que os sigo;
                  hoy vuestra piedad se vea.

(Cantan dentro música. Música.)

                  Pues se humilla el corazón,
                  suba a los cielos y exáltele Dios.

Teresa   Sírvame de escudo santo
                  vuestro pecho diamantino,
                  pues, sois, Señor, uno y trino
                  con el Espíritu Santo.

Mariano   Confesó la eternidad,
                  y el alma a su Dios ha dado.

Valle   Arrimada se ha quedado
                  al árbol de la verdad.

Mariano   Murió nuestra madre amada,
                  la virgen santa expiró;
                  una paloma salió
                  con la primer boqueada.
                  El alma se va sellando
                  con el gran dueño que ha visto,
                  y con el esposo Cristo
                  a su esfera va volando.

Música   Romped el aire gozosa,
                  mi blanca paloma hermosa.

| Mariano | ¿Veis algo? |

Valle   Yo sí.

Don Diego   Yo no.

Mariano   Solo Dios ha permitido
            que el milagro sucedido
            lo viésemos vos y yo.

Don Diego   ¡Jesús, qué olor tan suave!
              ¿Sentísle?

Mariano   Y ¡cómo que siento!

Valle   Parece que va en aumento.

Doña Juana   Este olor al cielo sabe.

Petrona   El sentido del oler
              me falta.

Valle   Del cuerpo sale.

Doña Juana   No hay ámbar que se le iguale.

Mariano   Ya es ángel, si fue mujer.

Petrona   Que todos gocen de vos
              este olor que les consuela,
              y que yo, madre, no huela,
              lo que siento sabe Dios.
                ¡Milagro, milagro, padre!

Mariano	¿Qué hay, hermana?

Petrona
                         Que ya huelo
este olor que sabe a cielo.

Mariano   Gracias a Dios y a la madre.

Petrona   Ella me abrió este sentido,
que hasta aquí tuve cerrado.
Dan golpes dentro.

Valle   Del pueblo, ya convocado,
suena confuso ruido.

(Otra vez golpes y grita.)

            ¿Quién nos viene a inquietar?

(Dentro.)

       La santa madre buscamos.

Valle   Si al pueblo no la enseñamos,
las puertas han de quebrar.
El cuerpo luego, a la hora,
al de la iglesia saquemos,
y fin a la historia demos
de nuestra gran fundadora.

Fin de la comedia

Libros a la carta

A la carta es un servicio especializado para
empresas,
librerías,
bibliotecas,
editoriales
y centros de enseñanza;
y permite confeccionar libros que, por su formato y concepción, sirven a los propósitos más específicos de estas instituciones.

Las empresas nos encargan ediciones personalizadas para marketing editorial o para regalos institucionales. Y los interesados solicitan, a título personal, ediciones antiguas, o no disponibles en el mercado; y las acompañan con notas y comentarios críticos.

Las ediciones tienen como apoyo un libro de estilo con todo tipo de referencias sobre los criterios de tratamiento tipográfico aplicados a nuestros libros que puede ser consultado en Linkgua-ediciones.com.

Linkgua edita por encargo diferentes versiones de una misma obra con distintos tratamientos ortotipográficos (actualizaciones de carácter divulgativo de un clásico, o versiones estrictamente fieles a la edición original de referencia). Este servicio de ediciones a la carta le permitirá, si usted se dedica a la enseñanza, tener una forma de hacer pública su interpretación de un texto y, sobre una versión digitalizada «base», usted podrá introducir interpretaciones del texto fuente. Es un tópico que los profesores denuncien en clase los desmanes de una edición, o vayan comentando errores de interpretación de un texto y esta es una solución útil a esa necesidad del mundo académico.

Asimismo publicamos de manera sistemática, en un mismo catálogo, tesis doctorales y actas de congresos académicos, que son distribuidas a través de nuestra Web.

El servicio de «libros a la carta» funciona de dos formas.

1. Tenemos un fondo de libros digitalizados que usted puede personalizar en tiradas de al menos cinco ejemplares. Estas personalizaciones pueden ser de todo tipo: añadir notas de clase para uso de un grupo de estudiantes, introducir logos corporativos para uso con fines de marketing empresarial, etc. etc.

2. Buscamos libros descatalogados de otras editoriales y los reeditamos en tiradas cortas a petición de un cliente.

9 788411 262644